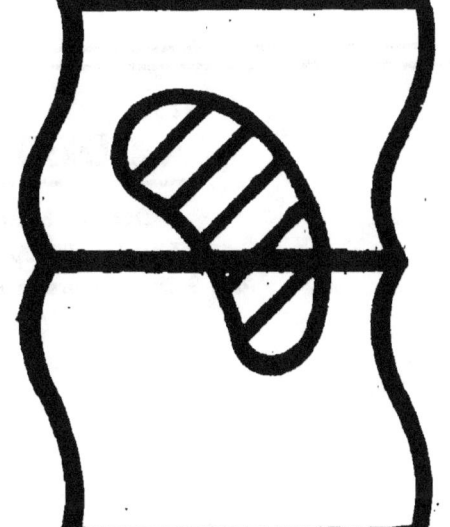

Couverture supérieure et inférieure
partiellement illisibles

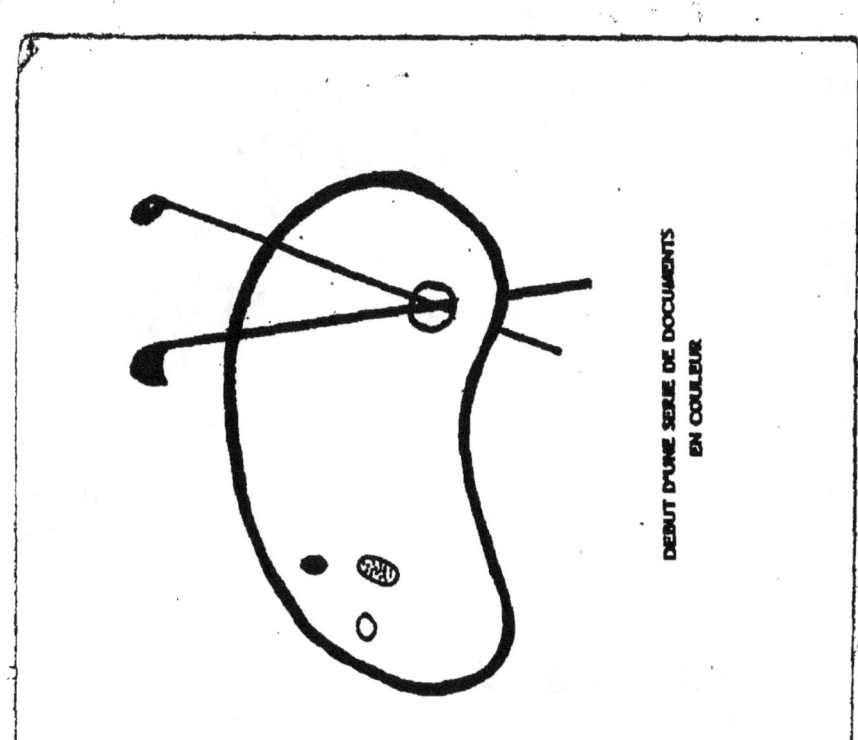

DEBUT D'UNE SERIE DE DOCUMENTS
EN COULEUR

PHILOSOPHES ET PENSEURS

A. DEGERT

Docteur ès lettres,
Lauréat de l'Académie
des Sciences morales et politiques.

Les Idées Morales de Cicéron

BLOUD & Cie

BLOUD & Cie, Éditeurs, 4, rue Madame, Paris (VIe).

Collection

SCIENCE ET RELIGION

Philosophes et Penseurs

LES GRANDS ÉCRIVAINS

Les Grands Écrivains, que nous avons étudiés dans les classes ne nous ont laissé le plus souvent que de vagues souvenirs, parfois même nous en avons gardé une impression de profond ennui. C'est que malheureusement c'est aux mots que l'on s'attache dans les classes, non aux idées, à la formation littéraire et grammaticale, non à la formation morale. Pour remédier à ce défaut des études classiques, l'Université a ordonné que dans tous les lycées et collèges il soit fait, depuis la 4e jusqu'en 1re, un cours de morale, appuyé sur l'étude des auteurs du programme. Les présents volumes fourniront au maître la matière de ce cours, et aux élèves des lectures pour compléter le cours. Ils auront donc une place marquée dans les collèges, dans les bibliothèques de professeurs, dans les bibliothèques de classe et de quartier. Il a semblé qu'une telle série serait tout à fait à sa place dans la collection *Science et Religion*. Les grands écrivains de l'antiquité païenne, en effet, et ceux des temps modernes dont l'œuvre n'est pas nettement chrétienne ont toujours exprimé des idées morales qui sont comme le patrimoine éternel de l'humanité et que le christianisme a mises dans tout leur relief. Plus ces idées sont abondantes et élevées, plus l'œuvre de l'écrivain est humaine, forte et durable, plus aussi elle se rapproche de la pensée chrétienne : telle est la thèse nettement apologétique qu'on trouvera démontrée dans cette nouvelle série, qui paraît sous la direction de M. J. CALVET, agrégé de l'Université, professeur de l'Institut catholique de Toulouse.

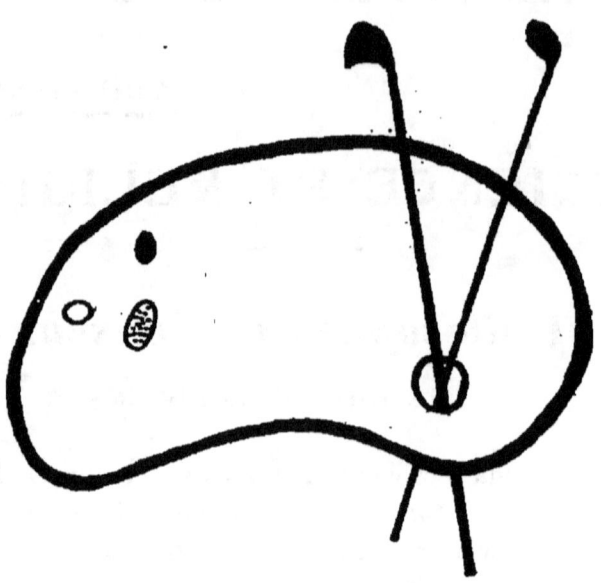

FIN D'UNE SERIE DE DOCUMENTS
EN COULEUR

PHILOSOPHES ET PENSEURS

LES IDÉES MORALES

DE

CICÉRON

PAR

A. DEGERT

Docteur ès lettres,
Lauréat de l'Académie française
et de l'Académie des sciences morales et politiques,
Professeur de littérature latine
à l'Institut catholique de Toulouse.

PARIS
LIBRAIRIE BLOUD & Cⁱᵉ
4, RUE MADAME, 4
1907
Reproduction et traduction interdites.

MÊME COLLECTION

Philosophes et Penseurs.

P. ALFARIC. — **Aristote** (*337*).................. 1 vol.
E. BEURLIER, professeur agrégé de philosophie. — **Kant.** 6ᵉ édition (*236*)............................. 1 vol.
Du même auteur : **Fichte.** 2ᵉ édition (*332*)....... 1 vol.
J. CALVET. — **Les idées morales de Madame de Sévigné** (*416-417*)............................... 1 vol.
Baron CARRA DE VAUX. — **Leibniz** (*422*)........ 1 vol.
DUFRÉCHOU. — **Les idées morales de Sophocle** (*414*) 1 vol.
Michel SALOMON. — **H. Taine.** 4ᵉ édition (*210*).. 1 vol.
Du même auteur : **Théodore Jouffroy** (*413*)... 1 vol.
E. THOUVEREZ, professeur à l'Université de Toulouse. — **Herbert Spencer.** 3ᵉ édition (*331*)........., 1 vol.
Du même auteur : **Stuart Mill.** 2ᵉ édition (*362*). 1 vol.

PRÉFACE

On voudra bien ne pas s'étonner si nous nous occupons ici des idées morales d'un écrivain beaucoup plus souvent étudié pour son talent oratoire et pour ses théories littéraires. Les anciens n'en auraient été nullement surpris. Pour eux, l'éloquence se confondait avec la sagesse et l'orateur ne se croyait jamais si bien dans son rôle que quand il encourageait les âmes à la vertu, les détournait du vice, flétrissait les méchants et glorifiait les bons (1).

Sans prendre trop au sérieux ce rôle si libéralement assigné à l'éloquence, Cicéron fut souvent amené par sa situation d'orateur politique, d'avocat, d'homme d'État, à apprécier en moraliste les principaux événements de son temps. D'autres fois ce sont ses amis qui font appel à ses lumières, et il lui faut, bon gré mal gré, jouer le rôle de conseiller d'occasion, on serait presque tenté de dire de directeur de conscience. Parfois même, surtout vers la fin de sa vie, les questions morales prennent une place de plus en plus considérable dans ses œuvres philosophiques, elles forment même le fond exclusif de quelques-unes, par exemple du *De officiis*.

A divers titres il m'a paru intéressant de recueillir les vues morales disséminées à travers l'œuvre d'un auteur qui fut le témoin le mieux informé et l'interprète le plus désintéressé des conceptions morales de son temps. Si je les ai groupées dans un ordre qui ne fut point le sien, ce n'est point qu'il entre dans ma pensée de présenter ici un système complet de morale cicéronienne. Je ne me suis même pas piqué de donner une image fidèle de cette morale ; ce sont là ambitions bonnes pour des historiens de la philosophie. Tout autre est mon but. Parmi les idées morales de Cicéron il en est dont l'intérêt n'est point limité aux circonstances qui les ont provoquées. Leur utilité est de tous les temps, et notre époque peut en faire son profit. C'est des idées de ce genre que nous avons voulu ici recueillir la fine fleur.

(1) *De orat.*, III, 9.

Quand même la place qui m'était mesurée ne m'en aurait fait une nécessité, je me serais fait un devoir de laisser le plus souvent possible la parole à Cicéron. N'était-ce pas le meilleur moyen de livrer son enseignement dans sa pureté native ?

On comprendra donc que j'aie borné généralement mon rôle à dégager, à traduire, à rapprocher les éléments moraux de l'œuvre de Cicéron. Ainsi le voulaient le caractère de notre œuvre et les conditions imposées à son exécution.

———

Voici les titres des ouvrages le plus souvent cités :

De oratore libri III = De or.
Pro Cluentio oratio = Pro Clu.
Pro Sestio — = Pro Sest.
Pro Milone — = Pro Mil.
In Antonium Philippicæ XIV = Ph.
In Catilinam orationes IV = Cat.
Academicorum posteriorum liber primus = Acad. I.
Academicorum priorum liber secundus = Acad. II.
De finibus bonorum et malorum libri V = Fin.
Tusculanarum disputationum libri V = Tusc.
De natura Deorum libri V = De nat. D.
Lælius, De amicitia = De am.
De officiis libri III = De of.
De republica libri VI = Rep.
De legibus libri III = De leg.
Epistolæ ad Atticum, ad Quintum = Ep. ad At., ad Quint.

On s'est servi principalement, sauf à les contrôler, des textes et des traductions de la collection Nisard.

On pourra consulter sur les questions traitées dans ce livre :

M. Morlais, *Etudes morales sur les grands écrivains latins*, Lyon, 1889.

C. Thiaucourt, *Essai sur les traités philosophiques de Cicéron et leurs sources grecques*, Paris, 1885.

Arth. Desjardins, *Les Devoirs, Essai sur la morale de Cicéron*, 2ᵉ éd., Paris, 1893.

R. Thamin, *Saint Ambroise et la morale chrétienne au IVe siècle*, Paris, 1895.

LES IDÉES MORALES DE CICÉRON

CHAPITRE PREMIER
Les principes de la moralité.

Le souverain bien, le plaisir, la vertu, la loi morale, la conscience, les sanctions morales.

Pour Cicéron, comme pour tous les anciens, la question primordiale en morale est celle du souverain bien. Quel est notre bien suprême ? qu'est-ce qui fait la valeur et le but de la vie ? quelle est la fin dernière à laquelle doivent se subordonner les fins particulières de nos actes ? « Toute l'orientation de notre vie, tout l'ensemble et les détails de notre conduite dépendent de la réponse qui sera donnée à cette question (1). »

A cela rien d'étonnant. « Ce principe, une fois établi, fixe tous les autres. En toute autre matière, l'oubli et l'ignorance ne sont préjudiciables que dans la mesure de l'importance des questions qui nous échappent. Mais ignorer le souverain bien, c'est se condamner à ignorer toute la loi de notre vie, c'est courir le grave danger de se mettre hors d'état d'apprendre dans quel port on pourra chercher asile. Par contre, quand de la connaissance des fins particulières des choses on en est venu à comprendre quel est le bien par excellence ou le comble du mal, notre vie a trouvé sa voie et l'ensemble de nos devoirs leur formule précise (2). »

(1) *Acad.*, I, II, 43.
(2) *De fin.*, v, 6.

« Et où faut-il chercher la solution de ce problème du souverain bien ? Dans cette partie de l'âme où résident la sagesse et la prudence et non dans celle qui est le siège de la passion et qui constitue la partie la plus débile de l'âme (1). »

Les solutions sont nombreuses : « Il n'est pas de question plus débattue et qui ait reçu plus de réponses différentes, contradictoires même, mais toutes ces réponses peuvent en somme se réduire à trois. Pour les uns, le souverain bien, c'est le plaisir ; pour d'autres, c'est l'honnêteté ou la vertu ; pour d'autres enfin, c'est le mélange ou la réunion du plaisir et de la vertu (2). »

« L'opinion qui ramène le souverain bien au plaisir a tout d'abord contre elle de prendre pour juge la partie la moins noble de l'âme. Or, en cette question du bien, il faut sans cesse avoir devant les yeux toute la différence de nature qui sépare l'homme de l'animal. Celui-ci n'a de sentiment que pour le plaisir, ni d'autre impulsion que celle des besoins physiques. L'esprit de l'homme, au contraire, trouve son aliment dans la méditation et dans l'étude ; toujours en mouvement et en quête de vérité, son bonheur est de voir et d'entendre. Bien mieux, l'homme qui éprouve quelque penchant un peu vif pour le plaisir, dès lors qu'il n'est pas de l'espèce des brutes — car il en est qui n'ont de l'homme que le nom — dès lors qu'il a une âme tant soit peu élevée, et malgré l'empire que la volupté a sur lui, cache et dissimule par pudeur l'aiguillon qui le presse. Preuve évidente que les plaisirs physiques ne sont pas assez dignes d'un être excellent comme est l'homme et que nous devons les mépriser et nous y soustraire (3). »

« Si le plaisir comprenait tous les biens, les bêtes l'emporteraient de beaucoup sur nous, puisque la nature d'elle-même leur fournit avec abondance et sans qu'il leur en coûte aucun effort tout ce qui est nécessaire à leur nourriture. Et nous, avec beaucoup de travail, nous

---

(1) *De fin.*, II, 34.
(2) *Acad.*, I, II, 45.
(3) *De of.*, I, 30.

avons à peine et quelquefois nous n'avons pas du tout ce qui suffit à la nôtre. Non, à aucun prix, je ne pourrais croire que le souverain bien soit le même pour les animaux et pour les hommes. Si pour nous, comme pour eux, le plaisir doit être notre seul but, qu'est-il besoin de cultiver les beaux-arts et les sciences, au prix de tant d'efforts ? pourquoi tant d'études si généreuses, tant de vertus à déployer ?... Croyez-m'en, nous sommes nés pour quelque chose de plus noble et de plus magnifique. Cela se voit aux facultés de l'âme qui conserve le souvenir d'une infinité de choses, qui prévoit les événements futurs (ce qui est une sorte de divination), qui trouve dans la pudeur un frein à ses passions, qui sait garder fidèlement la justice, cette âme des sociétés, et qui dans les périls s'arme d'un ferme mépris de la douleur et de la mort. Considérez ensuite nos membres, nos sens, l'appareil entier de notre corps, vous verrez que tout y semble fait pour tenir compagnie à la vertu et pour la servir ; que si, même à l'égard du corps, il y a beaucoup de choses préférables aux plaisirs, par exemple la santé, l'agilité, la beauté, à combien plus forte raison en peut-on dire autant de l'esprit dans lequel les plus doctes d'entre les anciens ont cru qu'il y avait quelque chose de divin et de céleste ? Si le souverain bien consistait dans le plaisir, on devrait souhaiter passer sans interruption les jours et les nuits au sein des plus intenses voluptés qui pourraient charmer les sens et les enivrer de plaisir. Mais y a-t-il un homme digne de ce nom qui voulût jouir tout un jour de pareilles voluptés (1) ? »

Tout autrement en est-il du bien.

« Il est conforme à notre nature en ce qu'elle a de meilleur (2). Et ce bien, c'est l'honnête, et l'honnête consiste dans le mépris même du plaisir, tant il est loin de se confondre avec lui (3). Il est constitué par la pratique de quatre vertus principales (4). »

(1) *De fin.*, II, 34.
(2) *De fin.*, V, 29 ; *De sen.*, 2.
(3) *Acad.*, I, II, 45.
(4) *De of.*, I, 5.

« La vertu elle-même est une disposition de l'âme, mais permanente et invariable, qui, indépendamment de toute utilité est louable par elle-même et rend dignes de louanges ceux qui la possèdent. Par elle nous pensons, nous voulons, nous agissons conformément à l'honnêteté et à la droite raison. Pour tout dire en un mot, la vertu est la raison même (1). ...Rien n'est plus aimable que la vertu, rien n'est plus séduisant qu'elle. C'est à ce point que nous chérissons en quelque sorte pour leur vertu et leur probité ceux même que nous n'avons jamais vus... Mieux encore, nous ne pouvons nous empêcher de l'aimer même chez nos ennemis (2). »

Comme l'honnête, les vertus doivent être cultivées pour elles-mêmes. « Si la vertu est recherchée pour ses avantages et non pour elle-même, ce qui restera de la vertu ne sera vraiment que méchanceté. On est d'autant moins homme de bien que l'on rapporte davantage ses actions à l'intérêt ; la vertu n'est donc que malice pour qui pèse le prix de la vertu. Où trouver le bienfaisant si personne ne rend service pour l'amour d'autrui ? Qu'est-ce qu'une reconnaissance qui ne considère plus celui à qui elle adresse ses actions de grâce ? Si la vertu est recherchée pour des raisons qui ne sont pas elle, il faut qu'il y ait quelque chose de meilleur que la vertu. Est-ce donc l'argent, la beauté, les honneurs, la santé, ces biens si minces pour qui les possède ? Est-ce enfin — j'ai honte de le dire — le plaisir ? mais c'est à mépriser et à rejeter le plaisir que se reconnaît la vertu (3). »

Aussi ne faut-il même pas songer à unir la vertu et le plaisir pour constituer le souverain bien. « Ce serait pour ainsi dire vouloir marier l'homme et la bête (4). »

Mais le bien ou la vertu ne se recommande pas seulement par la beauté qu'il reflète ou l'estime qu'il inspire, il est prescrit par la loi morale. « Il est, en effet,

---

(1) *Tusc.*, IV, 15.
(2) *De am.*, 8, 9.
(3) *De leg.*, I, 18, 19.
(4) *Acad.*, I, II, 45.

une loi véritable, la droite raison conforme à la nature, immuable et éternelle qui appelle l'homme au devoir par ses commandements et le détourne du mal par ses défenses et dont les commandements ni les défenses ne restent jamais sans effet sur les bons, ni sans action sur les méchants.

« On ne peut ni l'infirmer par d'autres lois, ni déroger à quelques-uns de ses préceptes, ni l'abroger tout entière. Ni le sénat, ni le peuple ne peuvent nous soustraire à son empire ; elle n'a pas besoin d'interprète qui l'explique. Il n'y en aura pas une à Rome, une autre à Athènes, une aujourd'hui, une autre demain, mais une seule et même loi éternelle, inaltérable qui dans tous les temps régit à la fois tous les peuples. Et l'univers entier est soumis à un seul maître, à un seul roi suprême, au Dieu tout-puissant qui a conçu et médité cette loi. La méconnaître, pour un homme, c'est se fuir soi-même, renier sa nature et par là même subir les plus cruels châtiments, lors même qu'on échapperait à tout ce qu'on regarde comme des supplices (1). »

Qu'est cette loi en elle-même ? « Le sentiment des plus sages a été que cette loi n'est point une imagination de l'esprit humain, ni le résultat d'une décision des peuples, mais quelque chose d'éternel qui doit régir le monde entier par la sagesse des commandements et des défenses. C'est ce qui leur a fait dire que cette première et dernière loi était l'intelligence même de Dieu dont la raison souveraine oblige ou interdit ; de là le caractère parfait de cette loi que les dieux ont donnée à l'espèce humaine... Ce n'est pas dans les prescriptions des peuples qu'il faut chercher le pouvoir d'appeler aux bonnes actions ou de détourner des mauvaises. Cette puissance-là compte plus d'années que la vie des peuples et des cités ; elle est de l'âge de ce Dieu qui conserve et régit le ciel et la terre (2). »

Quant à son expression, « cette loi n'est point écrite mais innée ; nous ne l'avons ni lue, ni apprise, ni héri-

---

(1) *Rep.*, III, 22.
(2) *De leg.*, II, 4.

tée ; nous la devons à la nature elle-même ; nous l'avons puisée dans son sein ; c'est elle qui nous l'a inspirée ; ni les leçons, ni les préceptes ne nous ont instruits à la pratiquer, nous en sommes pénétrés, imbus (1). »

D'elle procède la règle de la vie (2) ; car de cette loi née pour tous les siècles, avant qu'aucune autre loi n'eût été écrite, ni aucune cité fondée, le droit tire son origine ; elle est l'effet de la nature, l'esprit et la raison du sage, la règle du juste et de l'injuste (3). »

Cette règle nous est manifestée par la conscience (4), « cette conscience qui nous fut donnée par les dieux immortels pour être à jamais notre compagne inséparable. Si elle n'est témoin en nous que de nobles pensées et d'actions vertueuses, notre vie sera exempte d'alarmes et honorée de l'estime publique (5). » C'est elle qui fait sentir au mieux ce qui est vice ou vertu : « ôtez aux hommes leur conscience, le don le plus divin qu'ils aient reçu des dieux (6), et tout croule (7). Elle doit être l'objet de notre plus grande estime (8) ; et dans notre vie entière nous devons nous attacher à suivre ses prescriptions sans les quitter de l'épaisseur d'un ongle (9). »

« La conscience joue un grand rôle auprès des bons et des méchants ; elle met les premiers à couvert de toute crainte, elle montre partout aux seconds les apprêts du supplice (10). » Et elle a des auxiliaires : « La tristesse elle-même ne nous a pas été donnée sans raison par la nature, elle sert à rendre les hommes sensibles à la correction, aux réprimandes, à l'ignominie, quand ils oublient leur devoir. L'insensibilité en face de l'ignominie serait une sorte d'impunité, mieux valent les tortures de la conscience (11). »

(1) *Pro Mil.*, 4.
(2) *De leg.*, I, 22.
(3) *De leg.*, I, 5.
(4) *De leg.*, I, 15.
(5) *Pro Clu.*, 58.
(6) *De of.*, III, 10.
(7) *De nat. d.*, III, 35.
(8) *Pro Clu.*, 58.
(9) *Ep. ad Att.*, XIII, 20.
(10) *Pro Mil.*, 23.
(11) *Tusc.*, IV, 20.

« Les attentats contre les hommes et contre les dieux sont punis moins par les jugements que par les furies qui les poursuivent et les obsèdent, armées non de torches ardentes, comme dans la fable, mais des angoisses de la conscience et des tourments du crime (1). »

« Cependant, quoique les hommes de bien trouvent dans la conscience de leurs bonnes actions la plus belle récompense de leur vertu, cette divine vertu n'en aspire pas moins à des honneurs plus durables et à un prix mieux défendu contre les injures du temps que ces statues attachées par un plomb vil à leur base et ces triomphes dont les lauriers se fanent si vite... Ces honneurs plus durables, ce sont les récompenses préparées dans le ciel aux grands citoyens (2). » Et « c'était là la pensée de Socrate : deux chemins, d'après lui, s'offrent aux âmes lorsqu'elles sortent des corps. Celles qui dominées et aveuglées par les passions humaines ont à se reprocher en leur particulier des habitudes criminelles ou dans la cité des actes coupables, irréparables, prennent un chemin tout opposé à celui qui mène au séjour des dieux. Pour celles qui ont, au contraire, conservé leur innocence et leur pureté, qui se sont sauvées tant qu'elles ont pu de la contagion des sens et qui dans des corps humains ont imité la vie des dieux, le chemin du ciel d'où elles sont venues leur est ouvert (3). »

Enfin, si nous avons su vaincre les passions, « quand nous aurons quitté nos corps, nous serons certainement heureux sans convoitise, sans envie. Aujourd'hui, dans nos moments de loisir, nous aimons à voir, à étudier quelque chose de curieux, et nous pourrons alors nous satisfaire bien plus librement. Alors, nous méditerons, nous contemplerons, nous nous livrerons à ce désir insatiable de voir la vérité. Plus la région où nous serons parvenus nous mettra à la portée de connaître le ciel, plus nous sentirons croître en nous le désir de le connaître (4) ».

(1) *De leg.*, I, 13.
(2) *Rep.*, VI, 3.
(3) *Tusc.*, I, 30.
(4) *Tusc.*, I, 19.

CHAPITRE II

Morale pratique.

Les deux parties de la morale. — Leurs objets. Autonomie et raison.

Les principes généraux de la moralité trouvent leur application et leur expression dernière dans nos divers devoirs. Cicéron en fait déjà la remarque très précise : « Toute la morale se divise en deux parties ; après la première qui s'occupe de déterminer le souverain bien, il en vient une seconde consacrée aux préceptes qui doivent régler toutes les actions de la vie (1). » Ainsi « la vie entière est réglée par le devoir ; que vous soyez homme public ou privé, dans le sein de votre maison ou en pleine place publique, que vous ayez affaire à vous-même ou à votre semblable, vous êtes soumis à des devoirs. Si vous les respectez vous êtes honnête homme, malhonnête si vous les négligez (2). »

« Tout ce qui est vrai, pur et simple convient admirablement à la nature de l'homme. Au besoin de connaître le vrai se joint un goût très vif pour l'indépendance ; une âme bien née ne veut obéir à personne si ce n'est à ceux qui l'instruisent ou qui ont reçu un juste et légitime pouvoir dans l'intérêt de tous, c'est de cette fierté naturelle que naît la grandeur d'âme et le mépris des choses humaines. Ce n'est pas non plus une médiocre prérogative pour l'homme que ce bel attribut de la raison, de comprendre ce que c'est que l'ordre, la décence, quelle mesure il faut apporter dans les paroles et dans les actions. Seul parmi les animaux, l'homme sait

---

(1) *De of.*, I, 3.
(2) *De of.*, I, 2.

goûter la beauté, la grâce, la proportion de tout ce qu'il voit. Mais la raison l'élève bientôt de ce spectacle des sens à la conception de la beauté morale ; il attache alors un bien plus grand prix à l'ordre, à la constance dans les desseins et les actions ; il prend garde à ne rien commettre de honteux et d'indigne de lui, à ce que rien de vicieux ne s'introduise dans ses pensées, ne lui échappe dans sa conduite. C'est de toutes ces choses que se compose et résulte l'honnêteté que nous cherchons, l'honnêteté qui, inconnue et sans honneur, n'en conserverait pas moins tout son prix et dont il est vrai de dire qu'elle serait digne de toute louange lors même qu'elle ne serait louée de personne (1). »

CHAPITRE III

Morale individuelle.

Devoirs envers nous-mêmes. — Leur principe. — Deux espèces. — Devoirs envers le corps. — Conservation. — Tempérance, décence et dignité. — Les biens de la fortune. — Devoirs envers l'ame. — Leur supériorité. — La sagesse. — Défauts a éviter. — Le courage. — Ses vrais caractères. — Lutte contre les passions. — Excès du courage. — La bienfaisance. — Ses formes diverses.

Sans avoir vu peut-être dans nos devoirs envers nous-mêmes une catégorie distincte de nos obligations morales, il en est bien peu cependant dont Cicéron n'ait entrevu le principe, justifié l'existence ou précisé la formule.

(1) *De of.*, I, 4.

Tout d'abord il est hors de doute, pour lui, que l'homme forme un composé où le premier rôle appartient à l'âme et le second au corps (1).

Or, « tous les êtres animés sont d'abord portés par la nature à se défendre, à protéger leur corps, à éviter ce qui leur paraît nuisible, à rechercher et à se procurer tout ce qui leur est nécessaire pour vivre, comme la nourriture, un abri et autres choses de même genre..... Mais, entre l'homme et la bête, il y a surtout cette différence que la bête n'écoutant que ses sensations est tout entière absorbée dans le présent ; à peine le passé et l'avenir existent-ils pour elle, tandis que l'homme doué de la raison peut, grâce à elle, voir l'enchaînement des choses, la liaison, les causes, les principes et la suite des événements, saisir les ressemblances, nouer l'avenir au présent, et ainsi embrasser d'un coup d'œil le cours entier de la vie et préparer tout ce qui sera nécessaire pour arriver heureusement jusqu'au terme (2). »

Et « la sagesse doit achever en nous l'œuvre ébauchée par la nature. S'il n'y avait qu'à assurer le progrès de l'âme c'est-à-dire de la raison, il n'y aurait qu'à se préoccuper de façonner sa vie d'après la vertu ; car la vertu est la perfection de la raison ; s'il n'y avait que le corps à développer, alors ce serait la santé, l'absence de la douleur, la beauté, en un mot tout ce qui appartient au corps qui devrait faire uniquement son objet. Mais c'est pour le bien de l'homme tout entier que la question se pose... L'opinion de ceux qui, au mépris de la plupart de nos biens, n'en choisissent et n'en glorifient qu'un est pour ainsi dire un système boiteux et mutilé ; seule la doctrine de ceux qui, recherchant le souverain bien de l'homme, ont compris et consacré tout à la fois le bien de l'âme et du corps, forme un tout complet et harmonieux (3). »

Pour notre corps, nous devons d'abord le conserver. « Avant tout, qu'il soit bien établi que la nature nous a

---

(1) *De fin.*, v, 12.
(2) *De of.*, I, 4.
(3) *Fin.*, IV, 13, 14.

recommandés à nous-mêmes et que le premier désir qu'elle nous donne, c'est celui de la conservation. S'il nous faut chercher à savoir qui nous sommes, c'est pour pouvoir nous conserver tels que nous devons être, c'est-à-dire comme des hommes composés d'âme et de corps (1). »

Donc pas de suicide : « Nous devons retenir notre âme dans les liens du corps ; aucun de nous, sans le consentement de celui qui nous l'a donnée, ne peut sortir de cette vie mortelle. En la fuyant nous paraîtrions abandonner le poste où Dieu nous a placés (2). »

Ce n'est pas assez de ne pas détruire. « Il faut nourrir et soigner le corps pour le maintenir en santé et en force, non en vue du plaisir. Pour peu qu'on veuille faire réflexion sur l'excellence et la dignité de la nature humaine, on comprendra facilement combien il est honteux de vivre dans les délices, la mollesse et la recherche des plaisirs et combien il est honorable de mener une vie sobre, retenue, chaste et austère (3) ... La santé se conserve par la connaissance de notre tempérament, par l'observation de ce qui peut lui être favorable ou nuisible, par la tempérance et les divers soins qu'il faut prendre du corps, par la pureté des mœurs et enfin par l'art de ceux qui ont le secret de la rappeler et de la rétablir (4). »

Pour ce qui est de la fortune, « il faut la chercher par des voies légitimes, la conserver par sa vigilance et son économie, l'augmenter par les mêmes moyens (5). »

En notre personne, « que notre maintien, notre démarche, notre manière de nous asseoir, nos yeux, notre air, notre geste expriment toujours la décence. Pour y arriver il faut éviter deux excès : l'un qui est la mollesse et l'air efféminé, l'autre la dureté et la rusticité (6). Nous devons nous interdire dans la parure tout ornement qui ne serait pas digne de l'homme ; jamais

(1) *De fin.*, IV, 10.
(2) *Rep.*, VI, 8. *Tusc.*, I, 30.
(3) *De of.*, I, 30.
(4) *De of.*, II, 24.
(5) *Ibid.*
(6) *De of.*, I, 35.

non plus nous ne devons manquer de dignité dans nos mouvements et nos gestes. Souvent les maîtres de gymnase ont des mouvements qui nous choquent et les comédiens des gestes que nous trouvons ridicules, mais les uns et les autres quand ils joignent la simplicité à la convenance enlèvent tous les suffrages. Il n'y a pas de figure mâle sans de belles couleurs, et ces couleurs il faut les demander à l'exercice du corps. La propreté est de rigueur : il ne faudrait pas cependant qu'elle dégénérât en une recherche insupportable ; ce qui est bienséant, c'est de ne pas nous négliger grossièrement et nous montrer dans une tenue de sauvages. On en doit user de même pour les vêtements : en fait de parures, comme de bien d'autres choses, ni trop ni trop peu, c'est le mieux (1). »

Dans nos divertissements gardons toujours une certaine mesure, de crainte de nous oublier nous-mêmes... Sans doute le jeu et les amusements ne nous sont pas interdits ; mais il en est d'eux comme du sommeil et du repos, il ne faut en user qu'après avoir vaqué aux affaires sérieuses. Les amusements que l'homme se permet ne doivent être ni excessifs ni licencieux, mais délicats et d'un goût relevé (2). »

Enfin « les biens du corps mettent le comble au bonheur, mais pas au point que sans eux la vie ne puisse être heureuse ; ce qu'ils ajoutent au bonheur est si peu de chose qu'au prix de la vertu ils n'ont pas plus d'importance que les étoiles n'ont de clarté auprès du soleil ; mais, comme on a raison de dire qu'ils ne sont que d'une légère considération pour le bonheur de la vie, c'est une exagération de croire qu'ils n'y contribuent absolument en rien. Il faut donc accorder quelque chose aux biens du corps, mais il faut comprendre aussi le peu qu'on leur doit accorder (3). »

Naturellement Cicéron proclame la supériorité de l'âme sur le corps. « Il faut, dit-il, exercer le corps, le

---

(1) *De of.*, I, 36.
(2) *De of.*, I, 29.
(3) *De fin.*, V, 21.

plier à l'empire de la raison dont il doit exécuter les commandements, le disposer à servir la pensée et à supporter le travail, mais le bien véritable dépend de l'action de l'âme et de la pensée (1). »

« Il est facile, en effet, de concevoir que ce qui doit surtout appeler nos soins, c'est ce qu'il y a de plus excellent en nous et que le premier objet de nos vœux, ce doit être la perfection de la plus noble partie de notre être. Par là nous préférerons les avantages de l'âme à ceux du corps et les qualités naturelles de l'âme le céderont aux vertus volontaires qui sont proprement les véritables vertus et qui l'emportent de beaucoup sur les autres comme étant l'ouvrage de la raison, le plus divin des attributs de l'homme (2). »

Et cette âme, « il ne suffit pas qu'elle se conserve, il faut qu'elle vive de telle sorte que toutes ses facultés soient heureusement développées et qu'il ne lui manque aucune vertu. Les sens ont chacun leur propriété, et leur perfection consiste à n'être empêchés par aucun obstacle de remplir leurs fonctions propres et de percevoir nettement leurs objets (3).

De l'âme relèvent quatre grandes et véritables vertus qui sont les filles de notre liberté, à savoir, la prudence la tempérance, la force, la justice (4). Ces quatre vertus constituent l'honnête (5).

En dehors de la justice qui préside à nos relations avec nos semblables, ces vertus résument surtout nos devoirs envers nous-mêmes.

De ces quatre vertus la première, celle qui consiste dans la connaissance de la vérité, dans la science des choses divines et humaines (6), semble être la vertu de l'homme par excellence. Nous éprouvons tous un désir ardent de connaître et de savoir. « Exceller dans la science nous paraît une grande gloire, être dans l'erreur ou dans

(1) *De of.*, I, 2.
(2) *De fin.*, v, 13.
(3) *De fin.*, v, 12.
(4) *De fin.*, v, 13.
(5) *De of.*, I, 5.
(6) *De of.*, I, 43.

l'ignorance, se tromper ou être déçu nous paraît un malheur et une honte. Dans cette poursuite de la vérité à la fois si naturelle et si louable il y a deux défauts à éviter : le premier est de prendre pour connu ce qui demeure inconnu et de donner légèrement son assentiment à ce qui n'est pas démontré. Celui qui voudra éviter ce danger (et il n'est personne qui n'ait à le vouloir) mettra à examiner les choses tout le temps et les soins convenables. Le second défaut est de s'appliquer avec un zèle déplacé à l'étude des choses obscures, difficiles, qui ne sont d'aucune nécessité. Une fois ces défauts évités, tout ce que l'on emploiera de travail et de soin à des connaissances nobles et dignes de l'homme méritera les plus justes louanges (1). »

Ce n'est pas assez cependant que des sciences aient pour objet la découverte de la vérité. « Il ne faut pas que leur étude nous détourne de la pratique des affaires. Ce serait aller contre notre devoir. Car c'est de l'action même que la vertu tire tout son prix. L'homme n'a sans doute pas toujours à agir, et souvent il lui est possible de revenir à l'étude, souvent aussi l'activité de notre esprit qui ne se repose jamais peut nous retenir, sans que nous le cherchions, au milieu des recherches de la science. L'office de la pensée est donc double ; ou elle s'emploie à nous faire discerner le bien, à nous montrer la route du bonheur, ou elle se livre aux travaux de la recherche et de la science (2). »

Ce n'est même pas assez que la science n'éloigne pas de l'action ; il faut qu'elle y prépare, qu'elle y mène. « La contemplation de la nature, la science est une vertu en quelque sorte incomplète et mutilée si elle n'aboutit pas à l'action. Or l'action a surtout pour caractéristique la sauvegarde des intérêts de l'humanité, elle est donc destinée à maintenir la société humaine ; l'intérêt de celle-ci passera donc avant celui de la science. Il n'est pas une belle âme qui ne pense ainsi et qui ne le manifeste au besoin. Trouveriez-vous un homme de

(1) *De of.*, I, 6.
(2) *Ibid.*

bien tellement avide de connaissances que si, au milieu de ses contemplations les plus sublimes, on venait lui annoncer que sa patrie est menacée d'un grand péril et qui, s'il pouvait la secourir, n'interromprait pas tout aussitôt ses recherches, quand même il croirait pouvoir nombrer les étoiles ou mesurer la grandeur du monde ? Et ce n'est pas seulement pour sa patrie, mais pour son parent ou son ami que l'on ferait un semblable sacrifice (1). »

La sagesse est surtout la vertu de l'intelligence comme le courage est le devoir de la volonté. « Des quatre vertus dont l'ensemble constitue le devoir et le bien, celle qui a le plus d'éclat est sans contredit la force de ces grandes âmes élevées au-dessus du monde et méprisant toutes les choses humaines. Aussi pour faire un reproche sanglant en vient-on tout d'abord à dire : Vous êtes des hommes et on vous prendrait pour des femmes. Efféminés, rendez-vous, vous n'êtes pas faits pour combattre. S'agit-il au contraire de louer la grandeur d'âme, l'énergie, la vaillance, nous ne trouvons pas d'expressions assez magnifiques (2). »

Mais en quoi consiste cette force d'âme ? Cicéron adopte là-dessus les vues des stoïciens : « Ils ont, dit-il, défini la force d'âme une vertu qui combat pour l'équité. Aussi tous ceux qui ont voulu acquérir, par la fraude ou la méchanceté, une réputation de vaillance n'y ont point réussi, car il n'y a pas d'honneur là où manque la justice. De même doit-on tenir avec Platon qu'un esprit toujours prêt à affronter le danger fait preuve d'audace plutôt que de courage s'il écoute sa passion et non l'intérêt commun. Nous voulons que les hommes courageux et magnanimes soient en même temps bons et simples, amis de la vérité, incapables de tromper (3). »

Il est encore d'autres signes auxquels se reconnaît le vrai courage. Ainsi « l'homme ferme et courageux ne se troublera point dans les périls, ne s'agitera point

(1) *De of.*, I, 43.
(2) *De of.*, I, 18.
(3) *De of.*, I, 19.

follement, ne se laissera point démonter ; mais il gardera toujours sa présence d'esprit.

Voilà comment devra se montrer une grande âme, mais en même temps un génie élevé saura prévoir l'avenir, en discuter les chances, se préparer à tout événement et veiller à ce qu'un jour il n'ait point à dire : « Je n'y avais point pensé. » C'est à de tels signes que se reconnaît une âme noble et élevée qui n'agit qu'avec lumière et guidée par la raison. Mais se précipiter, par exemple, en aveugle dans la mêlée et lutter corps à corps avec l'ennemi est quelque chose de féroce et qui sent la bête sauvage. Cependant si la nécessité nous y oblige, il faut bien en venir à combattre de cette façon et préférer la mort à la servitude et au déshonneur (1). »

On peut encore reconnaître à deux signes la force et la grandeur d'âme. « D'abord une grande âme méprise les biens extérieurs, elle est persuadée que l'homme ne doit rien admirer, souhaiter ou rechercher que ce qui est honnête et honorable et que jamais il ne doit s'incliner ni devant un homme, ni devant la fortune, ni sous le joug des passions. Ensuite quand l'âme qui est dans ces dispositions se porte à faire de grandes choses et des plus utiles, plus les entreprises sont difficiles et périlleuses, plus son ardeur est excitée ; elle ne tient compte ni de la vie, ni de tous les biens qui s'y rattachent. De ces deux éléments de la grandeur d'âme, le dernier est sans contredit le plus éclatant, le plus honoré, j'ajouterai même le plus utile, mais le premier est le plus efficace et le plus important pour créer la grandeur d'âme. C'est par là que l'homme est véritablement élevé et supérieur aux choses humaines, car l'élévation consiste surtout à ne reconnaître pour bien que ce qui est honnête et à être affranchi de toute passion. Compter pour peu de chose ce qui paraît excellent et magnifique aux yeux de la multitude, dédaigner d'une raison ferme et constante tous les biens vulgaires, c'est là certainement le propre d'un grand cœur. Supporter

---

(1) *De of.*, I, 23.

tous les maux de la vie, les revers et les injures de la fortune avec cette tranquillité d'âme qui ne s'altère jamais, c'est le signe de la vraie noblesse et d'une force admirable de caractère. Il serait honteux que celui sur qui la crainte n'a point de prise fût l'esclave des passions et que la volupté vînt à triompher de l'homme qui est sorti victorieux des plus rudes épreuves. Il faut donc se mettre en garde contre les plaisirs et mépriser la richesse. Rien ne décèle autant une âme mesquine et basse que l'amour de l'or ; rien n'est plus honnête ni plus grand que de mépriser la fortune quand elle nous manque, que de l'employer, quand on l'a, en bienfaits et en libéralités (1) ».

Il faut aussi se défier de la passion de la gloire... « car elle nous rend esclaves et une grande âme doit livrer les plus terribles combats pour conserver sa liberté (2). » Un autre inconvénient dans cette passion de la gloire, « c'est qu'elle corrompt souvent les plus grandes âmes ; c'est en elle que bien des injustices prennent leur source ; le pas est glissant. Où est l'homme en effet qui après de grands travaux et de grands périls ne demande pas d'en être récompensé par la gloire ? (3) »

Pas plus que la gloire l'âme forte et courageuse ne recherchera non plus les honneurs et le pouvoir ; quelquefois même elle les refusera, elle s'en dépouillera dans certaines occasions. Son devoir est de ne s'ouvrir à aucune passion (4).

Sur cette question des passions, trois opinions opposées étaient en lutte dans les écoles du temps de Cicéron ; l'épicuréisme qui tenait les passions pour bonnes, puisqu'elles conduisaient au plaisir qui était pour lui le souverain bien ; les péripatéticiens pour qui les passions étaient des dons précieux de la nature ; il y en avait de bonnes et de mauvaises, la sagesse consistait à utiliser les unes et à discipliner les autres en vue du bien (5).

(1) *De of.*, I, 20.
(2) *Ibid.*
(3) *De of.*, I, 19.
(4) *De of.*, I, 20.
(5) *Tusc.*, IV, 19, 20. *De fin.*, II, 9.

Enfin les stoïciens voyaient dans la passion un mouvement de l'âme opposé à la raison et contraire à la nature ; il fallait donc les extirper toutes sans pitié. Cicéron a pris parti pour les stoïciens, comme il est visible par la complaisance qu'il met à exposer et à défendre leur opinion. Pour lui « les passions sont les ennemies jurées de la vertu, elles sont funestes à la tranquillité de la vie. Tantôt elles nous livrent à une tristesse cruelle, tantôt elles nous affaiblissent et nous abattent par la crainte, tantôt elles allument en nous une cupidité qui franchit toutes les bornes de la modération, et lorsqu'enfin nous nous croyons parvenus à jouir de notre objet, la violence de nos désirs fait place à des transports de joie qui nous mettent hors de nous ; et ainsi ce qui fait le comble du plaisir fait le comble de la folie (1). »

Une fois maîtresses de l'âme, ces passions impitoyables nous commandent et nous arrachent des fautes sans nombre ; comme elles ne peuvent jamais être assouvies, elles entraînent à tous les crimes ceux qu'elles ont enflammés de leurs séductions (2).

Ceci est particulièrement vrai de trois, la colère, la cupidité, la débauche ; elles nous précipitent dans tous les crimes : la colère par soif de vengeance, la cupidité par la recherche des richesses, et la débauche en courant après les voluptés (3).

Quel sera le remède ? C'est d'abord de bien se convaincre des dangers qu'elles nous font courir : « Les passions de l'âme ressemblent à un char emporté. Pour le bien diriger, le premier devoir du conducteur est de connaître la route ; s'il est dans le bon chemin, quelle que soit la rapidité de sa course, il ne heurtera pas ; s'il est dans le mauvais, avec quelque lenteur et quelque précaution qu'il avance, il s'embarrassera dans des chemins impraticables, ou, pour le moins, il se trouvera porté dans des lieux où il n'a que faire (4). »

---

(1) *Tusc.*, IV, 15.
(2) *Rep.*, VI, 1.
(3) *Rep.*, II, 41.
(4) *Rep.*, II, 40.

Une seconde précaution à prendre contre la passion, c'est de ne point agir avec précipitation ni en aveugle. « L'homme doit toujours pouvoir donner une raison plausible de ce qu'il fait... Nos efforts doivent tendre à réduire nos appétits sous l'empire de la raison, de telle sorte que jamais ils ne la préviennent et que jamais aussi ils ne lui fassent défaut par paresse ou par lâcheté. Il faut que la tranquillité de l'âme ne soit troublée en aucun temps par les passions ; c'est la condition première de toute modération et de toute constance. L'inclination qui va trop loin, le désir ou la crainte qui nous transporte n'est plus sous le frein de la raison, excède indubitablement la mesure. Les appétits qui s'émancipent et n'obéissent plus à cette raison qui leur doit commander par la loi de nature mettent le trouble non seulement dans l'âme mais dans le corps. Regardez la physionomie d'un homme livré à la colère ou à quelque passion, abattu par la crainte ou enivré par le plaisir, et voyez comme sa figure, sa voix, ses gestes, sa posture annoncent le bouleversement de son âme. Tout cela est bien pour nous faire comprendre qu'il faut réprimer et calmer nos passions, employer nos soins et tenir notre attention en éveil pour ne rien faire témérairement au hasard, inconsidérément et sans réflexion (1). »

Mais à ces remèdes généraux doivent s'en ajouter d'autres spéciaux à chaque passion. « Car les passions étant différentes, différents sont aussi les moyens de les combattre ; un seul et même remède ne serait pas efficace contre la tristesse, contre l'envie, contre la douleur que cause la mort d'un ami.

« Et d'ailleurs à quelque passion qu'on ait affaire, il faut examiner ce qui est le plus avantageux ou de l'attaquer en général, en tant qu'elle est un mépris de la raison et un appétit déréglé, ou de l'attaquer en particulier comme étant telle ou telle passion, la crainte, la volupté, ainsi du reste. On jugera s'il est plus à propos ou de faire voir que telle chose qui donne du chagrin ne mérite pas d'en donner, ou de faire voir qu'absolument

---

(1) *De of.*, I, 29.

il n'y a rien au monde qui le mérite (1). ...De même toute passion sera fort soulagée par cette réflexion que les biens qui sont l'objet de la joie ou de la cupidité ne sont pas de vrais biens et que les maux qui sont l'objet de la tristesse ou de la crainte ne sont pas de vrais maux. Il y a cependant un spécifique encore plus certain, c'est de faire bien comprendre qu'il n'y a point de passion qui ne soit essentiellement mauvaise, ni qu'on puisse croire inspirée par la nature, ou commandée par une sorte de nécessité. Car ne voyons-nous pas qu'en effet pour rappeler le calme dans le cœur d'une personne affligée, souvent il suffit de lui représenter son peu de courage ou de faire en sa présence l'éloge de ceux qui conservent dans les plus tristes situations une fermeté inébranlable (2) ? » Une autre considération qui a son importance dans cette lutte contre la passion, c'est que « il importe de bien comprendre qu'elles sont toutes sous notre dépendance, toutes l'ouvrage de notre imagination et de notre volonté. Revenons de nos préjugés, pensons plus sensément, et nos prétendus maux, de même que nos prétendus biens, feront sur nous une impression moins vive. Cela est vrai pour l'un comme pour l'autre (3). » Pour guérir donc toutes ces passions, de quelque nature qu'elles soient, ressouvenons-nous qu'elles sont l'ouvrage de nos préjugés, qu'elles dépendent de notre volonté et qu'on ne les reçoit dans son cœur, que parce qu'on croit bien faire (4). » Après avoir demandé à la philosophie un remède souverain contre cet aveuglement, armons-nous de courage non seulement « pour couper les rameaux des passions, mais pour les extirper jusque dans leurs plus lointaines racines » (5).

Si précieux et si louable que soit le courage, il a néanmoins ses excès et ses aberrations : « La grandeur d'âme qui brille dans les travaux et les dangers doit être

(1) *Tusc.*, IV, 27.
(2) *Tusc.*, IV, 28.
(3) *Tusc.*, IV, 31.
(4) *Tusc*, IV, 37.
(5) *Tusc.*, III, 6.

tenue pour un vice quand elle n'a plus la justice pour compagne et qu'elle combat non pour l'intérêt commun mais pour ses avantages particuliers. Bien loin d'être alors une vertu, elle est plutôt la marque d'un caractère cruel et qui a dépouillé tout sentiment d'humanité (1). »
Un autre danger de la grandeur d'âme, « c'est qu'elle donne facilement naissance à une opiniâtreté blâmable et à une ambition effrénée. Dès qu'un homme se sent quelque grandeur naturelle, il aspire aussitôt à dominer sur tous les autres ou plutôt à remplir seul le monde. Mais il est difficile, quand on veut s'élever au-dessus de tout, de respecter l'équité qui est la première condition de la justice.

« Ces ambitieux ne veulent jamais que l'on ait raison contre eux. Ni les droits acquis, ni la majesté des lois ne les arrêtent ; ils corrompent le peuple par des largesses, ils lèvent la tête en factieux, travaillent par tous les moyens à étendre leur pouvoir. Ce qui leur convient, c'est la domination par la force, et non la justice dans l'équité (2). » Enfin d'une manière générale, « si la grandeur d'âme ne s'inspire de l'amour de l'humanité et de la solidarité sociale, ce n'est plus qu'une espèce de férocité assez semblable à la force brutale des animaux (3). »

Au courage « il faut joindre la modestie, la modération, la tempérance. Ce sont là ornements de la vie ; ils consistent à mettre en toute chose de la mesure, de la bienséance. La bienséance est de sa nature inséparable de l'honnêteté ; ce qui est bienséant est toujours honnête, comme ce qui est honnête est toujours bienséant. La différence qui les sépare est plus facile à concevoir qu'à exprimer. La bienséance est comme le reflet de l'honnêteté. Elle n'est pas seulement la compagne de la modération, mais de la prudence et du courage ; toute action virile et courageuse est digne de l'homme et bienséante, toute lâcheté déshonore. La bienséance est donc comme une certaine fleur de la vertu. Comme la grâce et la beauté du corps ne vont pas sans la santé, de même la bien-

---

(1) *De of.*, I, 19.
(2) *De of.*, I, 19.
(3) *De of.*, I, 44.

séance est indissolublement unie à la vérité et n'en peut être distinguée. (1) »

Et le meilleur moyen de garder la bienséance, « c'est pour chacun de s'en tenir à son naturel, quand ce naturel ne le porte pas toutefois au mal. Evitons d'abord de nous mettre en opposition avec la nature humaine en général, mais dès qu'elle est sauve, attachons-nous à rester nous-mêmes. Laissons aux autres, s'il le faut, la belle part et les hautes vocations, mais acceptons le destin qui est à notre taille. A quoi sert de lutter contre la nature et de poursuivre ce qu'on ne peut atteindre ?... Que chacun examine donc comment la nature l'a fait et s'attache à régler son caractère et non pas à essayer si celui des autres lui convient, car rien ne nous va mieux que ce qui nous est le plus naturel. Apprenons à nous connaître, sachons démêler sûrement ce qu'il y a de bon et de mauvais en nous, ne mettons pas dans notre conduite moins de bon sens que les comédiens n'en montrent dans la leur. Ce n'est pas le plus beau rôle qu'ils choisissent, mais celui qui est le mieux assorti à leur talent. Si quelquefois la nécessité nous force à remplir un rôle qui ne soit pas le nôtre, employons tous nos soins, toute notre réflexion et tous nos efforts à nous en acquitter, sinon avec éclat, du moins avec le moins d'insuccès possible. Nous devons alors bien moins songer à faire montre d'avantages que la nature nous a refusés qu'à nous garder de tous défauts (2). »

CHAPITRE IV

Morale sociale.

Les vrais principes. — Sociabilité naturelle et solidarité humaine.

Que nous ayons des devoirs les uns envers les autres, c'est là une vérité qui n'a jamais été mise en doute par

---

(1) *De of.*, I, 27.
(2) *De of.*, I, 31.

un moraliste digne de ce nom. Cicéron était moins qu'aucun autre porté à le contester ; dans la morale telle qu'il la conçoit la place la plus considérable de beaucoup est réservée à ces devoirs envers nos semblables. Tout d'abord il s'attache à les établir sur une base solide en les faisant découler de la sociabilité humaine. Avant lui, divers philosophes, les épicuriens et Lucrèce notamment, avaient soutenu l'origine fortuite et accidentelle des sociétés humaines. A les en croire les premiers hommes nés de la terre menaient une vie errante à travers les forêts et les champs, exposés, à chaque instant, à devenir la proie d'animaux plus forts qu'eux. Ceux qui avaient pu échapper à leurs dents meurtrières auraient cherché secours auprès d'autres hommes et en leur faisant comprendre par geste ce qu'ils attendaient d'eux auraient inventé peu à peu les éléments du langage. Cicéron qui nous expose tout au long ces opinions, n'hésite pas à les taxer de visions imaginaires (1). Pour lui, « il faut chercher dans la nature même l'origine de la société humaine. Le lien qui nous réunit tous dans une même famille, ce sont la raison et le langage, deux instruments qui nous servent à enseigner, à apprendre, à communiquer nos pensées, à nous éclairer mutuellement, à discerner le vrai et qui par là forment entre nous et nos semblables une société étroite et naturelle (2). »
« C'est par la raison, en effet, que l'homme cherche la société des hommes ; par elle il trouve des semblables auxquels la nature, la communauté du langage et le commerce de la vie le rattachent étroitement, de sorte que de l'amitié de ses parents et de ses proches il s'élève bientôt jusqu'à comprendre dans son horizon social d'abord ses concitoyens puis l'humanité entière ; car l'homme, comme Platon l'écrivait à Archytas, doit se souvenir qu'il n'est pas pour lui seul, mais pour sa patrie, pour les siens et que c'est la moindre partie de lui-même qui lui est réservée (3). »

(1) *Rep.*, i, 25.
(2) *De of.*, i, 16.
) *De fin.*, ii, 14.

Aussi bien, « il n'est pas vrai, comme certains le prétendent, que la société humaine ait été formée uniquement pour satisfaire aux nécessités de la vie, et que si tout ce qui regarde notre subsistance et notre entretien nous eût été constamment fourni, comme par une baguette magique, alors tout esprit élevé, laissant là les affaires, s'appliquerait sans réserve à l'étude et à la recherche de la vérité. Il n'en est pas ainsi ; l'esprit dont nous parlons fuirait la solitude et chercherait un compagnon de ses travaux. » Mieux encore, « si quelque dieu enlevait l'un de nous du milieu de ses semblables pour le transporter dans une solitude où il le mettrait dans l'abondance de tous les biens que la nature peut désirer, mais où il lui serait impossible de voir une figure humaine, quel homme serait assez rigide pour supporter une telle existence et ajouter encore quelque charme aux voluptés dans une si profonde solitude ? Si un homme, a pu dire Archytas de Tarente, montait au ciel et qu'il pût contempler le spectacle du monde et la beauté des astres, pour agréable qu'elle fût, cette contemplation lui serait sans saveur s'il n'avait personne à qui il pût raconter ces merveilles, tant l'homme, de sa nature, répugne à la solitude (1) ! »

Unis par la nature, nous avons dès lors des obligations mutuelles envers nos semblables. « Puisque, selon les belles paroles de Platon, nous ne sommes pas nés pour nous seuls et que notre patrie, nos parents, nos amis réclament une part dans notre naissance ; puisque, d'après les stoïciens, tout ce que la terre produit est créé pour l'usage de l'homme et l'homme lui-même pour ses semblables afin qu'ils s'aident les uns les autres, nous devons obéir aux inspirations de la nature, mettre tous nos avantages en commun par un échange réciproque de bons offices, donnant, recevant tour à tour employant notre esprit, notre travail, nos ressources, à resserrer les liens qui unissent les hommes dans la société (2). »

(1) *De am.*, 23.
(2) *De of.*, 1. 7.

Et ainsi « tous les hommes doivent avoir pour règle de faire jouir tous et chacun des mêmes avantages. Si chacun ne pense qu'à son propre intérêt, la solidarité humaine est brisée.

« Il est encore facile d'entendre que si la nature prescrit à l'homme de faire du bien à l'homme, quel qu'il soit, par cela seul qu'il est homme comme lui, il en résulte nécessairement que, conformément à cette même nature, l'intérêt de chacun se trouve dans l'intérêt de tous. S'il en est ainsi, nous sommes tous sous l'empire d'une seule et même loi naturelle, et partant, en vertu de la loi qui nous régit, nous ne pouvons attenter aux droits de nos semblables. Le premier principe étant vrai, le dernier est vrai également. C'est une absurdité de dire, comme certains, qu'ils ne feraient aucun tort à leur père ou à leur frère, mais qu'ils ne se croient obligés à rien envers le reste de leurs concitoyens. Ils pensent donc que les membres d'une même société ne se trouvent sous la garantie d'aucun droit, ne sont associés dans aucun but d'utilité commune. Cette opinion conduit au renversement de toute société. Quant à ceux qui disent que l'on doit respecter ses concitoyens, mais nullement les étrangers, ils détruisent la société générale du genre humain, et, dès qu'elle n'existe plus, avec elle disparaissent la bienfaisance, la libéralité, la bonté, la justice. Ceux qui s'attaquent à ces vertus font même acte d'impiété envers les dieux immortels. Car ce sont les dieux qui ont établi entre tous les hommes cette société dont le lien le plus puissant est de penser qu'il est plus contraire à la nature de faire tort à son semblable que de voir la fortune nous accabler et de souffrir tous les maux du corps et même ceux de l'âme qui ne portent point atteinte à la justice (1). »

On peut même aller plus loin dans cette voie, resserrer et étendre davantage la solidarité humaine. « Il en est qui pensent que le monde entier forme en quelque sorte la cité commune des dieux et des hommes et que chacun de nous est membre de cette grande société ; d'où

(1) De of., III, 6.

suit naturellement que nous devons préférer l'utilité commune à la nôtre. Car de même que les lois préfèrent le salut public à celui des particuliers, ainsi un homme de bien, un sage soumis aux lois et qui connaît les devoirs du citoyen, a plus de soin de l'intérêt de tous que de celui d'un seul homme ou du sien propre. Et l'on ne doit pas moins blâmer celui qui pour son propre intérêt et pour son salut abandonne la cause publique que celui qui trahit ouvertement son pays. C'est pourquoi il faut louer ceux qui courent à la mort pour la république, puisque notre patrie doit nous être plus chère que nous-mêmes. Et l'on doit, par contre, avoir en abomination le sentiment de ceux qui, disent-ils, ne se soucient pas qu'après leur mort les flammes dévorent la terre. Il est donc certain qu'il faut aussi s'intéresser, à l'avance, à ceux qui ne sont pas encore et travailler pour eux (1). »

Art. I. — Devoirs envers nos semblables.

La justice et le droit. — Leur origine. — Vraie notion de la justice. — La propriété, respect qui lui est dû. — Injustices diverses. — Leurs causes. — La justice entre nations. — La bienfaisance. — Ses conditions. — Précautions à observer. — Ordre à garder. — De l'amitié, ses conditions.

Cicéron ne s'est pas contenté de montrer que l'instinct social créait aux hommes certains devoirs réciproques. On a pu le voir déjà dans ce qui précède ; à côté des principes qui justifiaient ces devoirs, il fait appel au sentiment moral qui les proclamait spontanément. Il ne s'en est pas tenu à ces indications générales. Toutes les fois qu'il en a eu l'occasion, il a signalé ou même étudié à part les diverses catégories de ces devoirs. Quelques-uns regardent tous les hommes en général, ce

---

(1) *De fin.*, III, 19.

sont nos devoirs envers nos semblables. C'est sur ceux-là qu'il nous faut l'entendre tout d'abord.

Pour lui, ils se rattachent tous à une vertu spéciale qui se distingue des trois autres en ce qu'elle a pour objet de maintenir entre les hommes la société et, pour ainsi dire, la communauté de vie. « Il faut distinguer en elle d'abord la justice où la vertu éclate dans tout son lustre et qui est la qualité par excellence de l'homme de bien, ensuite la bienfaisance, sœur de la justice et que l'on peut aussi nommer bonté ou générosité (1). »

D'une façon générale la justice est le respect du droit. Et le droit n'a pas été établi par l'opinion, il a son origine dans la nature elle-même, car tous les hommes sont semblables. « Rien n'est si pareil que nous le sommes tous les uns les autres. Si la dépravation des coutumes, la diversité des opinions ne fléchissait pas, ne tournait pas la faiblesse de nos esprits au gré d'un premier mouvement, personne ne serait aussi semblable à lui que tous le sont à tous. Aussi quelque définition qu'on donne de l'homme, la même vaut pour tous (2) ; voilà pourquoi « si, conformant leurs jugements à la nature même, les hommes pensaient, comme dit un poète, que rien d'humain ne leur est étranger, le droit serait également respecté par tous. Car tous ceux à qui la nature a donné la raison tiennent également d'elle la droite raison et par conséquent la loi qui n'est que la droite raison en tant qu'elle commande ou qu'elle interdit, et si la loi, le droit ; or tous ont reçu la raison, donc tous ont également reçu le droit (3) ».

C'est donc parce qu'il découle de la nature que le droit est égal pour tous ; c'est par là aussi qu'il est antérieur et supérieur aux lois et aux institutions humaines. Voilà pourquoi « c'est le comble de l'absurdité de tenir pour juste tout ce qui est statué par les législations et les institutions des peuples. Même celles des tyrans alors pourraient se réclamer du même titre !

---

(1) *De of.*, I, 7.
(2) *De leg.*, I, 11.
(3) *De leg.*, I, 12.

Non il n'existe qu'un seul droit, dont la société humaine fut enchaînée et qu'une loi unique institua. Cette loi est la droite raison, en tant qu'elle prohibe ou qu'elle commande ; et cette loi, écrite ou non, quiconque l'ignore est injuste. Si la justice est l'observation des lois écrites et des institutions nationales et si, comme les mêmes gens le soutiennent, tout doit se mesurer sur l'utilité, on négligera les lois, on les brisera, si on le peut, quand on croira que la chose nous sera profitable. La justice est donc absolument réduite à néant, si elle n'est pas dans la nature ; fondée sur un intérêt, elle sera détruite par un autre. Bien plus si le droit ne doit pas être confirmé par la nature, c'en est fait de toutes les vertus. Que deviennent la libéralité, l'amour de la patrie, la piété, le noble désir de servir autrui ou de reconnaître un bienfait ? car toutes ces vertus naissent de notre penchant naturel à aimer les hommes, lequel est le fondement du droit (1). Que si les volontés des peuples, les décrets des chefs d'Etats, les sentences des juges constituaient le droit, le vol serait de droit, l'adultère, les faux testaments seraient de droit dès qu'on aurait l'approbation des suffrages ou des votes de la multitude. S'il y a dans les jugements et les volontés des ignorants une autorité telle que leurs suffrages transforment la nature des choses, pourquoi ne décrètent-ils pas que ce qui est mauvais et pernicieux soit à l'avenir bon et salutaire ? et pourquoi la loi qui de l'injuste peut faire le juste, d'un mal ne pourrait-elle pas faire un bien ? C'est que nous avons, pour distinguer une bonne loi d'une mauvaise, une règle, une seule règle, la nature (2). »

Et c'est là ce qui donne au droit toute son étendue. « Dans le domaine du bien rien n'a plus d'éclat ni plus d'étendue que l'union des hommes avec leurs semblables ; cette société et cette communauté d'intérêts, cet amour de l'humanité, qui naît avec la tendresse des pères pour leurs enfants, se développe dans les liens du

---

(1) *De leg.*, I, 15.
(2) *De leg.*, I, 15.

mariage au milieu des nœuds les plus sacrés, puis se répand insensiblement au dehors, s'étend aux parents, aux alliés, aux amis, aux voisins, aux citoyens, à ceux qui sont les alliés ou les amis de notre pays et embrasse enfin le genre humain tout entier. Lorsque dans cette union universelle on rend à chacun ce qui lui appartient, lorsqu'on se fait le soutien équitable et zélé de cette société générale des hommes, alors on pratique la justice (1). »

En son sens le plus large, « la justice, c'est la religion envers les dieux, la piété filiale envers les parents, la bonté dans le commerce de la vie, la bonne foi dans les engagements, la douceur dans la mission de punir, la modération dans les relations de bienveillance (2) ». En un sens plus étroit, « la justice consiste à rendre à chacun ce qui lui est dû (3). Elle défend d'abord de nuire à personne à moins d'avoir subi préalablement une injustice, puis elle ordonne à chacun de se servir des biens communs comme appartenant à tous et des siens comme lui appartenant en propre.

« Primitivement tous les biens étaient communs ; ce que l'on nomme propriété a pour origine et pour titre ou une ancienne occupation comme celle de ceux qui vinrent habiter une contrée déserte, ou la victoire et le droit de la guerre, ou bien une loi, un contrat, une convention, un partage. Ainsi, les biens que la nature avait mis en commun étant partagés entre tous les hommes, chacun doit s'en tenir au lot qui lui est échu, vouloir entreprendre sur le droit d'autrui, c'est porter atteinte au principe même de la société (4). »

« Oui, enlever à autrui ce qui lui appartient, chercher son profit au détriment de son semblable, c'est là quelque chose de plus contraire à la nature que la mort, la pauvreté, la douleur et tout ce qui nous frappe dans notre corps ou dans nos biens extérieurs. D'abord une

---

(1) *De fin.*, v, 23.
(2) *Partit. orat.*, 23.
(3) *De fin.*, v, 23.
(4) *De of.*, ii 7.

telle action va au renversement de la société et de toute union entre les hommes. Si nous sommes tout prêts à nous attaquer et à nous dépouiller les uns les autres pour servir nos intérêts, voilà la société du genre humain, c'est-à-dire ce qu'il y a de plus conforme à la nature, qui se dissout nécessairement. Imaginez que les membres de notre corps aient tous conscience d'eux-mêmes et que chacun vienne à penser que le moyen de se bien porter, c'est d'attirer à soi la santé et la force du membre voisin, bientôt le corps tomberait dans un état de langueur qui l'acheminerait nécessairement vers la mort ; ainsi en est-il si chacun de nous ne pensant qu'à son propre avantage dépouille son voisin et tire tout ce qu'il peut du bien d'autrui ; la société et l'union des hommes sont infailliblement détruites. Il est permis à tout homme d'acquérir pour lui-même, de préférence aux autres, les choses nécessaires à la vie. La nature ne s'y oppose point. Mais ce que la nature ne peut souffrir, c'est que nous augmentions nos richesses, notre pouvoir, nos ressources au détriment d'autrui. Et ce n'est pas seulement la nature ou le droit des gens, ce sont encore les lois de chaque peuple, ce solide fondement des cités, qui nous font ce commandement formel de ne point nuire à autrui pour notre avantage. En effet ce que les lois ont en vue, ce qu'elles poursuivent, c'est que la société qu'elles protègent se maintienne dans son intégrité ; et ceux qui travaillent à sa ruine, elle les condamne à l'amende, aux fers, à l'exil, à la mort. Cette règle nous est encore bien plus énergiquement imposée par la raison naturelle qui est la loi divine et humaine ; ceux qui obéissent à ses ordres, c'est-à-dire tous les hommes qui veulent vivre conformément à la nature, ne porteront jamais les mains sur le bien d'autrui et ils auraient horreur de s'approprier ce qui ne leur appartient pas (1). »

Dans la vie, la justice a pour fondement la sincérité dans les paroles et l'inviolable fidélité dans les engagements.

(1) *De of.*, III, 5.

On peut être injuste de deux manières, ou en faisant soi-même du mal à autrui, ou en laissant faire celui que l'on peut empêcher. L'homme qui, dans un accès de colère ou entraîné par la passion, fait violence à un autre homme me semble porter la main sur son confrère, et celui qui ne fait pas tous ses efforts pour arrêter les effets de cet emportement est aussi bien en faute que s'il abandonnait ses parents, ses amis, sa patrie. Souvent quand nous faisons du mal à autrui de propos délibéré, c'est la crainte qui nous pousse, et plus d'un homme se résout à nuire à son semblable parce qu'il a peur d'être attaqué s'il ne devient agresseur. Mais dans la plupart des cas les hommes se portent à commettre l'injustice pour satisfaire leur cupidité, la plus insatiable des passions (1). » On poursuit ainsi les richesses soit pour fournir aux besoins de la vie, soit pour s'assurer des plaisirs. Ceux qui ont l'âme un peu élevée veulent être riches pour devenir puissants et pour faire des largesses.

L'élégance, le luxe, une vie recherchée, un train somptueux séduisent bien des hommes et il en résulte des désirs immodérés de richesse. Sans doute, il ne faut pas blâmer le souci d'accroître sa fortune, mais pourvu qu'il ne nuise à personne et qu'on ait toujours soin d'éviter l'injustice.

Où l'on voit surtout la justice mise en oubli, c'est quand la passion de la gloire, des honneurs, du pouvoir s'est emparée de l'âme. Ce que dit Ennius « ni les liens sociaux ni la bonne foi ne sont choses sacrées à qui veut régner » a une bien plus grande application. Tous les biens qui de leur nature sont le privilège de quelques hommes excitent ordinairement de telles rivalités qu'il est difficile, dans l'acharnement de la lutte, de conserver le respect dû à la sainte société des hommes. Et ici il est triste d'avoir à reconnaître que c'est d'ordinaire dans les plus grandes âmes que s'allume l'ambition des honneurs, de la domination, de la puissance et de la

---

(1) *De of.*, I, 7.

gloire. Raison de plus pour nous mettre en garde contre une telle faute.

Et dans toute injustice il importe bien de distinguer si elle vient de quelques-uns de ces mouvements soudains de l'âme, qui le plus souvent ne durent pas, ou si elle a été préméditée. Une faute est, en effet, moins grave quand elle échappe dans un brusque moment d'effervescence que lorsqu'elle est réfléchie et faite de sang-froid (1).

S'il n'y a que deux causes à l'injustice qu'on peut commettre positivement, « il y en a un bien plus grand nombre qui nous amènent à négliger de défendre nos semblables en péril ou à déserter notre devoir à leur égard. Tantôt on craint de s'attirer des ennemis, de prendre trop de peine ou de dépenser son argent, tantôt la négligence, la paresse, l'inertie, les préoccupations d'études ou de travaux nous arrêtent et nous font abandonner ceux dont nous devrions être les protecteurs. Ne pourrait-on pas reprocher à Platon d'avoir trop peu demandé aux philosophes ? Ils pratiqueront la justice, dit-il, quand ils s'occuperont à rechercher la vérité et qu'ils mépriseront et compteront pour rien tout ce que la plupart des hommes se disputent avec tant de véhémence et d'acharnement. De cette façon sans doute ils évitent la première espèce d'injustice, puisqu'ils ne font de tort à personne, mais ils tombent dans l'autre, puisque, tout absorbés dans leurs études, ils abandonnent ceux qu'ils devraient protéger. Il va même jusqu'à penser qu'ils ne se mêleront des affaires publiques qu'à moins d'y être contraints. Il vaudrait mieux s'y porter volontairement ; car en matière de justice il n'y a de bien que celui qui se fait volontairement.

Il est aussi des hommes qui, occupés de défendre leurs intérêts ou nourrissant je ne sais quelle haine contre le genre humain, disent qu'ils ne se mêlent que de leurs affaires, de peur qu'on ne les accuse de faire tort à autrui ; ils n'échappent à une espèce d'injustice que pour tomber dans l'autre, car ils trahissent leur devoir envers la société en lui refusant le tribut de leurs

---

(1) *De of.*, 1, 8.

efforts, de leurs ressources et de leurs soins (1). »

Connaître la justice, savoir en quoi consistent les diverses formes de l'injustice et quelles en sont les causes, c'est assurément un des meilleurs moyens de connaître son devoir dans toutes les circonstances de la vie ; mais il reste encore à se prémunir contre l'attachement qu'on porte à ses propres intérêts. On ne les voit jamais du même œil que ceux d'autrui. « C'est donc un excellent précepte que celui qui nous défend de faire une chose quand nous ne savons si elle est juste ou injuste ; l'équité brille assez par elle-même, le doute est présomption d'injustice (2). »

En outre le devoir peut varier avec les circonstances. « Souvent il se présente des situations où la nature du devoir se transforme, où l'homme de bien ne doit plus faire ce qui paraît le plus digne de lui et le plus conforme à la justice. C'est ainsi que parfois la justice consistera à ne point rendre un dépôt, à ne pas tenir sa promesse, à manquer apparemment aux règles de la bonne foi. Pour comprendre cela il faut remonter aux fondements de la justice... L'essence de la justice est d'abord de ne nuire à personne, en second lieu de veiller à l'utilité publique. Quand l'intérêt public ou privé vient à changer, le devoir change et varie avec lui. Ainsi il peut arriver que l'exécution d'une promesse ou d'une convention soit nuisible à celui qui les a reçues comme à celui qui les a faites. Si, comme nous le voyons dans la légende, Neptune n'avait point tenu la promesse qu'il avait faite à Thésée, celui-ci n'aurait point perdu son fils Hippolyte... Il n'y a donc pas à tenir une promesse quand elle devient nuisible à celui à qui elle a été faite ou qu'elle est pour vous plus nuisible qu'elle ne lui est avantageuse ; c'est que le devoir le plus important doit passer avant le moindre.

Quant aux promesses qui nous ont été arrachées par les menaces ou par la fraude, qui ne voit qu'elles ne sauraient être obligatoires ? Le droit positif nous en relève souvent...

(1) *De of.*, I, 9.
(2) *De of.*, I, 9.

On commet encore bien des injustices en tirant un parti coupable des lois à l'aide d'une interprétation subtile ou de mauvaise foi. De là le proverbe : Droit extrême, extrême injustice. Les hommes d'Etat commettent souvent des injustices de ce genre. On peut citer, comme exemple, ce général qui, ayant conclu avec l'ennemi un armistice de trente jours, ravageait de nuit leurs campagnes, alléguant que dans l'armistice il était question des jours et non des nuits (1). »

Au nom de la justice, Cicéron, nous l'avons vu, défend de nuire à personne, à moins qu'on n'ait été provoqué par quelque injustice. Nous n'admettons pas cette exception. Il faut reconnaître cependant que par les restrictions dont il l'entoure, Cicéron atténue, dans une certaine mesure, ce qu'elle a d'inacceptable pour nous. Tout n'est pas permis à l'offensé : « Il y a certains devoirs à garder même envers ceux de qui nous avons souffert une injustice. Il y a une mesure à garder dans les représailles et les punitions, et peut-être est-ce assez que l'offenseur regrette l'injustice commune pour qu'il n'y ait pas à craindre récidive de sa part ni de la part des autres (2). »

De nation à nation, « il faut aussi respecter les droits de la guerre. Il y a deux moyens de vider une querelle ; l'un par des discussions, l'autre par la force ; la première voie est propre à l'homme, la seconde est celle des animaux, il ne faut recourir à la dernière que si l'autre nous est interdite. Il faut entreprendre la guerre pour vivre en paix en sauvegardant ses droits, mais après la victoire on doit épargner ceux qui n'ont été ni cruels ni barbares dans la lutte (3). »

« Lorsqu'un citoyen est amené par les circonstances à faire une promesse à l'ennemi il doit tenir fidèlement sa parole. » Ainsi fit Régulus. Tombé entre les mains des Carthaginois qui l'envoyèrent à Rome pour traiter l'échange des captifs il fit serment de revenir. « Arrivé

---

(1) *De of.*, I, 10.
(2) *De of.*, I, 11.
(3) *Ibid.*

à Rome il soutint dans le sénat que l'on ne devait point rendre les prisonniers, puis il aima mieux, malgré les instances de ses amis et de ses proches, retourner aux supplices que de manquer à la parole donnée aux ennemis (1). Nos ancêtres nous ont laissé un très bel exemple de justice envers un ennemi. Un transfuge de l'armée de Pyrrhus étant venu offrir au sénat de faire périr son maître par le poison, le sénat et Fabricius livrèrent ce traître à Pyrrhus. On ne voulait pas acheter au prix d'un crime la mort d'un ennemi puissant et qui était venu de lui-même attaquer Rome (2). »

La justice, nous l'avons vu, trouve son complément dans la bonté, la bienfaisance et l'amour des hommes. « C'est un sentiment naturel aux honnêtes gens de se chérir les uns les autres (3)... La charité envers les hommes est le premier de nos devoirs (4) ». On peut être généreux et bienfaisant à l'égard des autres de deux façons, en rendant des services ou en donnant de l'argent. Ce dernier moyen est plus facile surtout pour un riche, mais le premier est plus noble, plus relevé, plus digne d'un grand citoyen. On reconnaît dans tous les deux la volonté de faire du bien, la marque de la générosité ; mais il y a cette différence entre les deux qu'ici c'est la bourse qui est en jeu et là c'est la vertu. Et d'ailleurs les largesses que vous tirez de votre fortune tarissent la source même des bienfaits. De cette manière la bienfaisance s'épuise elle-même et plus vous avez rendu de services, moins vous êtes capables d'en rendre encore. Celui au contraire qui exerce sa générosité par ses bons offices, qui est surtout libéral par sa vertu et son zèle, acquiert dans ceux qu'il oblige des amis qui l'aideront à en obliger d'autres et l'habitude de la bienfaisance le rend plus disposé et plus habile à répandre ses bienfaits... Il arrive trop souvent que les largesses corrompent les hommes, car celui qui reçoit se gâte et il

---

(1) *De of.*, I, 13.
(2) *Ibid.*
(3) *De nat. D.*, I, 44.
(4) *De of.*, I, 43.

est toujours prêt à tendre la main. Il est donc hors de doute que la bienveillance qu'on exerce sur ses bons offices et en payant de sa personne a quelque chose de plus relevé, de plus fécond et peut s'étendre à un plus grand nombre de personnes. Il y a cependant des circonstances où l'on doit faire des largesses ; il ne faut pas s'interdire absolument ce genre de libéralités. Quelquefois on trouve dans l'indigence d'honnêtes gens qu'il faut secourir de sa bourse, mais il ne faut y puiser qu'avec modération et à bon escient, car bien des gens ont dissipé leur patrimoine par des largesses inconsidérées. Vous aimez à faire du bien, et vous ne prenez pas garde que vous vous mettez dans l'impossibilité d'en faire ? Quoi de plus insensé ? Souvent aussi les largesses conduisent aux rapines ; ceux que leurs prodigalités ont ruinés finissent par porter la main sur le bien d'autrui. Ils ont voulu gagner les cœurs par leurs bienfaits, mais en fin de compte ils se sont bien moins attiré la reconnaissance de leurs obligés que la haine de leurs dupes. La sagesse demande donc que votre bourse ne soit ni tellement close que la bienfaisance ne puisse l'ouvrir, ni tellement ouverte que tout le monde ait le droit d'y puiser. Donnez avec mesure et selon vos moyens ; souvenez-vous de cette maxime si souvent citée parmi nous : Que la prodigalité n'a point de fond. Où s'arrêter en effet quand il faut satisfaire à la fois et ceux qui sont habitués à nos largesses et les nouveaux venus qui font appel à notre générosité (1) ? »

Bien qu'elle soit des plus conformes à la nature humaine la bienfaisance demande à être pratiquée avec de grandes précautions. « Il faut prendre garde d'abord à ce que notre bienfaisance ne tourne pas au préjudice de celui à qui elle s'adresse ni de personne autre ; il faut veiller ensuite à ne pas être plus libéral que nos moyens ne nous le permettent et enfin à ce que chacun reçoive selon son mérite. C'est là le fondement de la justice, à laquelle tous ces devoirs se rattachent. L'homme qui rend un service nuisible n'est ni bienfaisant ni libéral ;

---

(1) *De of.*, II, 15.

on doit le regarder comme un flatteur pernicieux. Et celui qui fait tort aux uns pour être utile aux autres commet la même injustice que s'il s'emparait à son bénéfice du bien d'autrui. Il y a beaucoup de gens, surtout parmi ceux qui veulent briller et se faire un grand nom, qui dépouillent les uns pour faire des largesses aux autres ; ils se figurent qu'ils auront la réputation d'être bienfaisants pour leurs amis s'ils les enrichissent par quelque moyen que ce soit. Ce n'est pas là remplir un devoir, c'est aller contre tous les devoirs. Il faut régler ses libéralités de façon à obliger ses amis sans nuire à personne. Aussi ne faut-il pas voir de la libéralité dans l'acte d'un Sylla ou d'un César qui enlevaient les richesses à leurs justes possesseurs pour les transmettre à des étrangers. On n'est pas libéral si l'on n'est pas juste en même temps.

Une seconde précaution à prendre, c'est de ne pas étendre ses libéralités au-delà de ses moyens. Ceux qui veulent être plus généreux qu'ils ne peuvent commettent d'abord la faute de frustrer leurs proches d'un bien qu'ils auraient dû partager avec eux ou leur laisser en héritage plutôt que d'en gratifier des étrangers. Quand on est généreux de cette façon, le plus souvent on se trouve tenté d'étendre les mains sur le bien d'autrui pour alimenter ses propres largesses. On voit aussi beaucoup de gens qui sont généreux non par nature, mais par amour de la gloire ; ils veulent avoir la réputation et ils se mettent en frais pour qu'on parle du bien qu'ils font ; cette générosité de parade est plutôt de la vanité que de la vertu. Il faut enfin proportionner ses bienfaits au mérite ; quand on veut obliger un homme, il faut considérer ses mœurs, ses dispositions envers nous. Il faut avoir égard à nos rapports mutuels, aux services qu'il peut nous avoir rendus. Le mieux est d'adresser nos bienfaits à qui les mérite à tous les titres, ou du moins à qui peut y prétendre avec le plus de droits (1). »

Dans ses largesses on tiendra donc compte des mœurs de ceux qu'on veut obliger. « Comme nous vivons avec

(1) *De of.*, I, 14.

des hommes qui ne sont ni parfaits, ni absolument sages, mais en qui il est déjà bien si l'on trouve des ombres de vertu, je crois qu'il ne faut négliger aucun de ceux en qui le bien paraît en quelque endroit, mais que nous devons montrer plus d'empressement pour ceux qui sont ornés de ces douces vertus de la modération, de la tempérance, de la justice.

La bienveillance qu'on éprouve pour nous est aussi un titre à nos services et nous devons obliger surtout ceux qui nous aiment le plus. Toutefois il ne faut pas, comme les enfants, juger du dévouement de nos amis par le feu de leurs démonstrations, mais par la solidité et la constance de leur attachement. Lorsque nous sommes leurs obligés et que tous nos services ne peuvent témoigner que notre reconnaissance, c'est alors même que nous devons redoubler de zèle, car la reconnaissance passe avant tout autre devoir. Hésiode nous ordonne de rendre avec usure, si faire se peut, ce qu'on nous a prêté, à quoi donc un bienfait ne nous engage-t-il pas ? Ne devons-nous pas imiter ces champs fertiles qui rapportent beaucoup plus qu'ils n'ont reçu ? Si nous n'hésitons pas à rendre des services à ceux qui peuvent nous être utiles, que ne devons-nous pas à ceux qui nous ont prévenus ? Il y a, en effet, deux sortes de libéralités, l'une consiste à donner et l'autre à rendre. Si nous sommes libres de donner ou non, il n'est point loisible à un honnête homme de se dispenser de rendre lorsqu'il peut s'acquitter sans faire tort à personne (1). »

Mais tous les services rendus ne nous obligent pas également « il faut distinguer entre eux et proportionner la reconnaissance au bienfait. Mais quand il s'agit d'apprécier un service, il faut d'abord mettre en première ligne l'intention qui l'a inspiré, la bienveillance, l'affection qu'on nous a témoignée. Il y a tant de gens qui agissent par caprices, sans règle ni mesure, obligeant le premier venu, allant par saccades, emportés par le moindre vent ! Leurs services n'ont certainement pas le prix de ceux qui sont réfléchis, délibérés, rendus

---

(1) *De of.*, I, 15.

avec suite. Mais, toutes choses égales d'ailleurs, lorsque nous exerçons notre générosité, le devoir veut que nous secourions surtout ceux dont les besoins sont les plus pressants (1). »

Après les bienfaits rendus il faut tenir compte des degrés de liaison qui nous attachent aux autres et donc proportionner nos services à la parenté qui les rapproche de nous. Un lien commun et général nous unit dans l'humanité à tous les êtres doués de raison et de langage et fait de tous les hommes une même famille. « A ce titre la justice nous oblige à maintenir la communauté de toutes les choses que la nature a faites pour le commun usage des hommes tout en observant ce qui est prescrit par les lois et déterminé par le droit civil. En dehors du cercle tracé par les lois, il faut avoir pour maxime constante ce qui est exprimé par ce proverbe grec : « Entre amis tout est commun. » Il y a beaucoup de choses communes entre tous les hommes. Ennius nous en cite un exemple qui nous peut faire entendre les autres : « Montrer poliment le chemin à un homme égaré, c'est comme lui laisser allumer son flambeau au nôtre qui ne nous éclaire pas moins après avoir allumé le sien. »

Cet exemple nous montre assez que nous devons partager même avec un inconnu tout bien qui ne se diminue pas en se communiquant. De là ces maximes vulgaires : ne disputer à personne l'usage d'une eau courante, donner du feu à celui qui en demande, conseiller de bonne foi celui qui délibère, toutes choses utiles à qui les reçoit et ne coûtent rien à qui les donne. Ce sont là des biens dont il faut user, mais en les tenant à la disposition de tout le monde. Toutefois comme chacun les possède et que le nombre de ceux qui en ont besoin est infini, il est bon de régler notre générosité sur le conseil d'Ennius : « Que notre flambeau ne nous en éclaire pas moins afin de pouvoir toujours rendre service à nos proches. »

Mais il y a divers degrés dans la société humaine.

(1) *Ibid.*

Dans le genre humain il y a les peuples qui habitent une même contrée et parlent une même langue, dans la nation il y a la cité que nous habitons, dans la cité enfin il y a une société moins étendue, la famille, mais la société la plus belle et la plus intime est celle qui se forme entre gens de bien, de mœurs semblables et que l'amitié rapproche. « Si vous parcourez en esprit toutes ces diverses sociétés, vous n'en trouvez point de plus essentielle, de plus inviolable que celle qui lie chacun de nous à sa patrie. Nous aimons tendrement nos parents, nos enfants, nos proches, nos amis, mais l'amour de la patrie renferme à lui seul tous les autres. Est-il un homme de bien qui hésiterait à donner ses jours pour servir son pays ? À cette pensée on sent redoubler l'horreur que nous inspirent ces citoyens infâmes qui ont déchiré la république par leurs forfaits et qui n'ont jamais travaillé et ne travaillent encore qu'à la ruiner jusqu'au dernier fondement. Si nous voulons établir des comparaisons et nous demander à qui nous devons rendre le plus de devoirs, nous mettrons en première ligne notre patrie et nos parents de qui nous avons reçu les plus grands bienfaits, après eux nos enfants et toute notre famille qui n'a d'espoir et de ressources qu'en nous seuls, ensuite nos proches avec qui nous sommes en relations constantes et dont tous les intérêts sont si souvent confondus avec les nôtres. Voilà ceux aux besoins de qui nous devons veiller sans cesse, mais pour ce commerce intime, cette communauté de sentiments et de pensées qui exhorte, console et reprend quelquefois, c'est dans l'amitié qu'il faut les chercher, et il n'y point d'amitié plus douce que celle qui naît de la sympathie des caractères (1). »

Enfin la libéralité devra prendre mesure sur les besoins d'autrui. « Il nous faudra examiner quels sont les besoins de chacun et ce que ceux envers qui nous sommes obligés pourraient faire ou ne pas faire sans nous. L'ordre réclamé pour les relations pourra être différent de l'ordre imposé par les circonstances. S'il

---

(1) *De of.*, I, 17.

s'agit de faire la récolte vous aiderez votre voisin de préférence à votre frère ou à votre ami ; s'il est question d'un procès, vous défendrez plutôt votre parent ou votre ami que votre voisin (1). »

Une conséquence toute naturelle de ces principes, c'est donc que les pauvres ne doivent pas être exclus de nos libéralités. Au contraire. « Il est facile de dire, et c'est ce que l'on entend répéter partout, que pour obliger les gens on ne considère point leur fortune mais leur mérite. C'est là un fort beau langage. Mais en est-il beaucoup qui préfèrent les intérêts d'un citoyen pauvre et honnête à la reconnaissance d'un homme riche et puissant ? On penche presque toujours du côté où le prix du service se montre et le moins éloigné et le plus certain. Il faudrait cependant examiner les choses sans prévention. L'homme pauvre, s'il est honnête, pourra bien ne pas s'acquitter, mais il sera reconnaissant... Ceux qui se voient riches, honorés, heureux ne veulent pas même se tenir pour obligés d'un bienfait ; bien plus, ce sont eux qui croient vous obliger quand ils reçoivent de vous un service quelque grand qu'il soit et ils soupçonnent toujours que vous leur demandez ou que vous attendez d'eux quelque chose. C'est une mort pour de tels hommes que de penser qu'ils ont eu recours à vos bons offices et que vous pouvez les regarder comme vos clients. Mais quand vous vous employez pour le pauvre, il est bien convaincu que c'est bien réellement à lui que vous pensez et non à sa fortune. Et le voilà dévoué non seulement à vous qui lui rendez un service, mais à tous ceux qui peuvent lui en rendre et ils sont nombreux ; le voilà prêt à vous servir vous-même en toute occasion. Et loin de faire sonner bien haut ses bons offices, il en atténuera plutôt la valeur. Autre considération : si vous venez en aide à un homme riche et puissant, lui seul, ou tout au plus ses enfants vous en auront de la reconnaissance. Si c'est au contraire à un citoyen pauvre mais honnête, tous ceux qui sont dans la même condition que lui et qui composent

---

(1) *De of.*, I, 18.

la plus grande partie du peuple vous regardent comme leur génie tutélaire. Je tiens donc qu'un bienfait est mieux placé sur l'honnête homme que sur le riche (1). »

Il est cependant bien entendu pour Cicéron que « quand nous exerçons la bienfaisance, ce n'est pas pour en recevoir le prix, car un bienfaiteur n'est point un usurier, mais parce que la nature nous pousse d'elle-même à faire du bien (2). »

L'échange des bienfaits crée entre les hommes une société des plus intimes et des plus fortes, à savoir l'amitié (3). « L'amitié en elle-même n'est autre chose qu'un accord parfait de sentiments sur toutes les choses divines et humaines joint à une bienveillance et une tendresse mutuelles. Et certes, la sagesse exceptée, je crois que c'est le don le plus précieux que les dieux aient fait à l'homme (4). » Le premier bienfait de l'amitié, c'est que par elle la vie devient digne d'être vécue. « Est-ce une vie vivable, selon l'expression d'Ennius, que celle où l'on ne peut se reposer sur l'affection réciproque d'un ami ? Quoi de plus doux que d'avoir quelqu'un avec qui l'on ose parler comme avec soi-même ? Où serait pour vous le fruit si grand de la prospérité si vous n'aviez personne qui s'en réjouît autant que vous ? Quant à l'adversité, vous la supporteriez difficilement si vous n'aviez un ami qui en souffrît plus encore que vous-même. Enfin tous les autres objets de nos désirs ont chacun leur utilité particulière ; on demande des richesses pour les dépenser, de la puissance pour avoir des courtisans, des honneurs pour être flatté, des plaisirs pour en jouir ; de la santé pour être exempt de douleur et pouvoir user librement des facultés du corps. L'amitié seule renferme une foule d'avantages ; de quelque côté que vous vous tourniez elle est toujours là, elle n'est exclue de nulle part, jamais hors de saison, jamais importune. Aussi l'eau et le feu, comme l'on dit, ne sont pas d'un usage plus fréquent que l'amitié.

(1) *De of.*, II, 20.
(2) *De am.*, 9.
(3) *De of.*, I, 17.
(4) *De of.*, I, 17.

« Et je ne parle pas ici de cette amitié vulgaire ou commune qui a pourtant son charme et son utilité, mais de l'amitié véritable et parfaite... C'est elle qui ajoute de l'éclat à la prospérité et qui adoucit en les partageant les maux de l'adversité. Celui qui contemple un véritable ami voit en lui, pour ainsi dire, sa propre image. Par l'amitié les absents sont présents, les pauvres sont riches, les faibles sont forts, et, ce qui est plus merveilleux encore, les morts revivent, tant les respects, les souvenirs, les regrets de leurs amis les rattachent à l'existence.

« Et cette piété qui semble rendre heureuse la mort des uns honore en même temps la vie des autres. Otez de la nature ce commerce de bienveillance, il n'y aura plus ni maisons ni cité (1). »

« Mais d'abord sur quoi se fonde cette amitié si précieuse ? On a dit qu'elle avait pour fondement la misère même de l'homme ; il s'agit d'assurer, grâce à elle, un échange mutuel de services où l'on reçoive tour à tour ce que l'on ne peut avoir par soi-même. Non, elle a une cause plus profonde, plus noble, plus intime à la nature humaine. L'amitié me paraît avoir son principe plutôt dans la nature que dans notre faiblesse, plutôt dans une impulsion de notre âme douée d'une sorte de sens pour aimer que dans un calcul sur les avantages qu'elle peut rapporter... Chez l'homme cette disposition éclate d'abord dans cette tendresse mutuelle des parents et des enfants que l'on ne peut abjurer sans forfait. On la trouve encore dans ce sentiment semblable à l'amour que nous éprouvons pour ces hommes dont le caractère et les mœurs conviennent aux nôtres et en qui il nous semble voir reluire la probité et la vertu, car rien n'est plus aimable que la vertu, ni plus séduisant qu'elle ; à tel point que nous chérissons en quelque sorte pour leur vertu et leur probité ceux mêmes que nous n'avons jamais vus (2). »

Ce rapport de l'amitié et de la vertu indique déjà la réponse que comporte la première question qui se pose

---

(1) *De am.*, 6, 7.
(2) *De am.*, 8.

en matière d'amitié : comment faut-il choisir ses amis ? commençons par être hommes de bien et ensuite cherchons qui nous ressemble. Entre gens vertueux seulement on peut espérer une amitié constante. Unis par une tendresse mutuelle, ils commanderont aux passions dont les autres hommes sont esclaves ; jaloux d'observer religieusement la justice, ils seront toujours prêts à tout entreprendre l'un pour l'autre et ne demanderont rien qui ne soit honnête et bienséant. Enfin ils se témoigneront non seulement de l'affection et du dévouement, mais encore du respect. Oter le respect de l'amitié, c'est lui enlever son plus bel ornement. Ceux-là donc sont dans une funeste erreur qui croient que l'amitié autorise le libertinage et toutes sortes de déréglements.

La nature nous a donné l'amitié pour seconder la vertu et non pas pour être complice du vice ; elle nous l'a donnée pour que notre vertu qui ne peut, dans l'isolement, s'élever aux grandes choses y parvînt avec l'appui et le concours d'une noble compagne (1)... Il faut encore choisir pour ami un homme droit dont la nature sympathise avec la nôtre et qui partage nos goût. Hors de ces conditions il n'y a pas d'amitié fidèle. N'attendez aucune bonne foi d'un esprit tortueux et d'une âme double. Ne comptez pas non plus sur un ami qui ne vous ressemble en rien et dont les sentiments diffèrent des vôtres. » L'ami que nous jugerons digne de notre confiance aura un caractère ferme, inaltérable, une humeur égale, il ne sera pas porté à accueillir ou à lancer légèrement des accusations malveillantes, il sera franc, ouvert. En outre il devra nous plaire, car le charme de l'amitié en fait la force. Un caractère morose, une gravité que rien ne déride, est certainement quelque chose de fort estimable, mais l'amitié comporte plus de grâce, de liberté, d'aménité : elle ne se plaît qu'au milieu de l'abandon et de l'aisance (2). »

Une fois formée, l'amitié établit certains rapports et

---

(1) *De am.*, 22.
(2) *De am.*, 18.

crée certains devoirs très nettement définis par Cicéron. « Lorsque deux hommes dont le cœur est honnête sont liés ensemble, la plus parfaite communauté de biens, de pensées et de volontés doit régner entre eux ; de telle sorte que s'il fallait un jour secourir son ami et l'appuyer dans quelque circonstance équivoque où sa tête, son bien, son honneur seraient en péril, on n'hésitât pas à faire cette violence à la rigidité de ses sentiments, pourvu cependant qu'on ne fût pas contraint à tomber soi-même dans l'infamie (1). »

Le dévouement envers un ami doit aller jusqu'à courir le risque de lui déplaire quand il faut lui dire la vérité et lui prouver par là la sincérité de notre attachement. « Car il arrive souvent que nos amis ont besoin d'être avertis et réprimandés, et nous devons prendre les remontrances en bonne part quand c'est un ami qui les fait.

« Mais le mot de Térence se justifie trop souvent : « La complaisance nous fait des amis et la vérité des ennemis. » Sans doute la vérité est fâcheuse parce qu'elle fait naître la haine qui est le poison de l'amitié, mais la complaisance l'est bien davantage, car c'est notre indulgence coupable qui perd nos amis. Il est vrai que le plus coupable, c'est celui qui ne veut pas entendre la vérité et se laisse pousser au mal par la flatterie. Ayons donc le courage de reprendre nos amis, mais faisons-le avec ménagement, ne mêlons point d'aigreur à nos avertissements et ne gâtons point nos reproches par l'injure. Soyons complaisants, mais loin de nous cette flatterie qui est la complice du mal et que je trouve indigne non seulement d'un ami, mais d'un homme libre ; rappelons-nous qu'il ne faut pas vivre avec un ami comme avec un tyran (2). » Si notre devoir est d'être franc envers nos amis, le leur est d'autoriser notre franchise. Ils doivent prendre en bonne amitié les reproches que nous leur adressons avec bienveillance.

---

(1) *De am.*, 17.
(2) *De am.*, 24.

Il est d'ailleurs absurde qu'on soit sensible aux reproches, au lieu de l'être à la faute reprochée.

La franchise est surtout autorisée par la confiance. Si votre âme ne se montre à nu, si vous ne lisez pas dans celle de votre ami, il n'est plus de confiance, plus d'abandon, vous n'aimez plus, vous n'êtes plus aimé dès que vous ne savez plus ce qui se passe au fond du cœur (1). »

Est-il besoin de dire que « la première loi de l'amitié est de ne jamais demander et de ne rendre à ses amis que d'honnêtes services ? Mais pour ceux-là, n'attendons pas qu'ils nous les demandent ; que notre zèle soit toujours éveillé, n'hésitons jamais (2). »

Mais il peut arriver que l'amitié existe entre personnes de conditions inégales. Dans ce cas, « la supériorité doit s'effacer dans l'amitié ; en revanche ceux qui se voient inférieurs ne doivent pas s'affliger de se voir surpassés par leurs amis en génie, en fortune, en dignité... Il faut se souvenir des services que l'on reçoit, jamais de ceux que l'on rend. Il ne suffit donc pas que dans l'amitié les plus grands s'abaissent, il faut qu'ils élèvent pour ainsi dire les plus petits jusqu'à eux (3). »

Art. II. — Devoirs de famille.

Silence de Cicéron sur ces devoirs. — Origine de la famille. — Le mariage. — Devoir des parents, devoir des enfants.

Si surprenant que cela puisse paraître à première vue, Cicéron n'a à peu près rien à nous apprendre sur les devoirs de famille. Il ne viendrait aujourd'hui à l'esprit d'aucun moraliste, soucieux de parcourir l'ensemble de nos obligations, de garder le silence sur les devoirs des époux, des parents et des enfants. Ce silence étonne

---

(1) *De am.*, 26.
(2) *De am.*, 13.
(3) *De am.*, 20.

encore plus chez un Romain qui voyait sous ses yeux des institutions familiales si fortement protégées par les mœurs et si solidement organisées par les traditions et les lois.

Plus d'une fois il est arrivé à Cicéron dans ses ouvrages de rencontrer le souvenir des divers membres de sa famille, il a relevé, avec un soin pieux, les qualités ou les talents de son père, de sa mère, de ses aïeux ou de ses oncles (1). Au sein même de la famille qu'il avait fondée, on sait de quelle affection il entoura sa fille Tullie, quels regrets inconsolables il garda de sa mort prématurée ; la pensée de faciliter les études de son fils lui inspira même la plus considérable de ses études morales. Et en tout cela il ne vit jamais l'occasion de faire la théorie des devoirs généraux des divers membres de la famille, ni même l'étude un peu importante de devoirs spéciaux à quelque catégorie d'entre eux !

Tout ce que nous pouvons tirer de ses ouvrages se réduit à quelques remarques fortuites et rapides sur les origines de la famille, sur les obligations très générales qui en découlent pour les divers membres. Sur ces origines Cicéron s'inspire à peu près uniquement des stoïciens dont il se borne à résumer les opinions : « Tous les animaux, dit-il, sont portés par un instinct naturel à chercher les animaux de leur espèce, mais d'un sexe différent et à prendre soin des êtres nés de cette union. Mais entre l'homme et la brute il y a cette grande différence : la brute n'agit qu'autant que l'y pousse l'impression des sens, elle ne s'attache qu'à ce qui est immédiat et présent, l'homme au contraire a reçu la raison en partage, et, par la raison, la nature rapproche l'homme de l'homme dans le commerce du langage et de la société, elle lui inspire cette tendresse toute particulière qu'il a pour ses enfants; elle le porte à aimer et à fréquenter les réunions et les assemblées politiques. Et tous ces motifs l'excitent à chercher ce qui est nécessaire à la vie et au bien-être, non seulement pour lui, mais pour sa femme et ses en-

---

(1) *De leg.*, III, 16 ; *De orat.*, II, 1 ; *Ep. ad Fam.*, XVI, 26 ; *De fin.*, V, 1.

fants, pour ceux enfin qui lui sont chers et qu'il doit protéger (1). »

Cette première union se forme dans le mariage ; même du point de vue stoïcien, il faut que le sage prenne femme et veuille en avoir des enfants (2). Et ce mariage ne sera point livré au caprice. « Nos ancêtres ont voulu que le mariage fût solidement établi (3). »

A cette première société qu'est le mariage « la naissance des enfants en ajoute une seconde, et toutes deux sont complétées par l'habitation dans une même demeure où tout est en commun. C'est là le berceau de la cité et comme la pépinière de la république. Viennent ensuite la société des frères, celles de leurs enfants et des enfants de leurs enfants qui, ne pouvant plus être contenus dans une seule demeure, s'en vont dans d'autres maisons et forment des espèces de colonies. Viennent enfin les alliances par mariages qui créent encore des parentés nouvelles. La communauté du sang unit les hommes par les liens d'une bienveillance et d'une affection réciproque. C'est, en effet, une grande chose que d'avoir les mêmes monuments, le même culte, une même sépulture (4). »

Le premier devoir des parents est d'aimer leurs enfants. C'est la nature même qui leur met au cœur ce sentiment : « Il serait inconcevable qu'elle eût pris tant de soin de la formation des enfants et qu'elle se fût peu souciée qu'une fois créés on les aimât. Comme il est certain que c'est elle qui nous donne de l'aversion pour la douleur, évidemment aussi c'est elle qui nous fait aimer ceux qui sont sortis de nous (5). »

Un père tendre et généreux ne saurait se dispenser de vêtir et de parer l'enfant qu'il a mis au monde (6).

Sur l'éducation des enfants Cicéron paraît s'être

---

(1) *De of.*, I, 4.
(2) *De fin.*, V, 20.
(3) *Rep.*, VI, 2.
(4) *De of.*, I, 17.
(5) *De fin.*, V, 19.
(6) *De orat.*, III, 28-4.

étendu surtout dans le livre IV de la *République,* dont nous n'avons que des fragments. On y voit qu'entre autres choses il recommandait fortement de former les enfants au respect de la pudeur. Il cite avec éloge un peuple où « il était interdit au jeune homme de se montrer nu en public, tant on était jaloux de sauver la pudeur et de ne pas lui porter la moindre atteinte (1) ». Par contre il blâme très fortement les cités grecques chez lesquelles avaient prévalu d'autres usages. « Chez les Grecs, dit-il, au contraire, quelle inconvenance dans les exercices du gymnase ! que de coupables légèretés dans ces troupes de jeunes gens ! que de rapports licencieux, que de liberté dans les amours ! Je passe sous silence Élis et Thèbes où les plus incroyables débauches sont publiquement autorisées (2). »

Un père est obligé de soigner son fils malade, dût-il abandonner un ami qu'il a promis d'accompagner devant les tribunaux (3).

En fait d'héritages, « le plus beau qu'un père puisse laisser à ses enfants, c'est une gloire acquise par sa vertu et ses hauts faits (4). »

A propos des devoirs des enfants envers leurs parents ou entre eux-mêmes, Cicéron, après avoir parlé d'A. Maximus qui rendait à son aîné tous les devoirs d'un inférieur et cherchait à faire rejaillir sa gloire sur tous les siens, en tire ce conseil : « Voilà l'exemple que tous doivent suivre, ceux qui ont quelque supériorité de vertu, d'esprit ou de fortune doivent la communiquer à leurs proches et la reporter sur toute leur famille. Si leur naissance est humble, si ceux qui les touchent de plus près sont sans crédit et sans biens, ils doivent être leur fortune et leur force, leur bonheur et leur gloire. Nous voyons dans les légendes que ceux qui furent esclaves un certain temps, à cause de l'ignorance où l'on était de leur origine véritable, lorsqu'ils sont reconnus fils des

---

(1) *Rep.*, IV, 4.
(2) *Ibid.*
(3) *De of.*, I, 33.
(4) *De of.*, I, 10.

dieux ou des rois, conservent cependant toute leur tendresse pour les bergers que pendant de longues années ils ont pris pour leurs pères. Mais cette tendresse, l'homme fortuné la doit bien plus encore à ceux qui réellement lui ont donné le jour. Le plus beau fruit de notre esprit, de nos vertus, de notre supériorité est celui qu'en retirent nos proches, notre sang (1). »

Enfin le respect et l'amour des parents sont des vertus que les dieux récompensent le plus après l'amour de la patrie. C'est ce que Cicéron nous apprend par la bouche de Scipion l'Africain disant à son petit-fils : « Comme ton aïeul qui nous écoute, comme moi qui t'ai donné le jour, pense à vivre avec justice et piété, pense au culte que tu dois à tes parents, à tes proches, que tu dois surtout à ta patrie. Une telle vie est la route qui te conduira au ciel et dans l'assemblée de ceux qui ont vécu et qui maintenant, délivrés des corps, habitent le lieu que tu vois (2). »

Art. III. — Devoirs civiques.

Leur importance chez Cicéron. — Origine des nations. — Les constitutions politiques, la constitution idéale. — Fondement des lois. — La patrie, nos devoirs envers elle : amour, prendre part aux affaires publiques, le vote, obéissance aux lois. — Devoirs spéciaux aux magistrats.

Des divers devoirs qui nous incombent, aucune catégorie n'attire autant l'attention de Cicéron que ceux que nous crée notre titre de membres d'une société déterminée, d'une nation. A ses yeux, ce sont là nos principaux devoirs, les seuls peut-être, serait-il tenté de dire, car tous les autres, devoirs envers soi-même, devoirs envers sa famille, devoirs envers les hommes, n'en sont que les formes ou les dérivés.

(1) *De am.*, 19.
(2) *Rep.*, VI, 10.

Comment se produisent d'abord au sein de la grande famille humaine ces groupements qui constituent les peuples, les nations ? « Un peuple n'est pas toute réunion d'hommes assemblés au hasard, mais seulement une société formée sous la sauvegarde des lois et dans un but d'utilité commune (1). ...Ces sociétés ainsi formées en vertu de la loi naturelle fixèrent d'abord leur séjour en un lieu déterminé et y établirent leurs demeures ; ce lieu, fortifié à la fois par la nature et par la main des hommes et renfermant toutes ces demeures entre lesquelles s'étendaient les places publiques et s'élevaient les temples, fut appelé forteresse ou ville. Or tout peuple, c'est-à-dire toute société établie sur des principes indiqués plus haut, a besoin pour ne pas périr d'être gouverné par intelligence et conseil (2). »

Il y a donc dans toute nation deux éléments bien distincts, le peuple et l'autorité dirigeante ; leurs rapports mutuels et surtout le caractère de cette dernière forment la constitution particulière de chaque Etat. Cicéron, par la bouche de Scipion l'Africain, relève, avec toute l'impartialité dont ils étaient capables l'un et l'autre, les qualités et les défauts inhérents à chacune des formes de gouvernement étudiées par eux. Pour eux, l'idéal consisterait « dans une forme mixte où se combineraient, en se tempérant l'une l'autre, la royauté, l'aristocratie et la démocratie (3) ». Cette forme idéale réunirait ainsi ce que les trois ont de meilleur et allierait dans une juste mesure les trois pouvoirs : « J'aime, dit-il, que dans un Etat il y ait quelque chose de majestueux et de royal, qu'une part soit faite à l'influence des nobles et que certaines choses soient réservées au jugement et à l'autorité du peuple. Cette forme de gouvernement a d'abord l'avantage de maintenir une grande égalité, bienfait dont un peuple libre ne peut être privé longtemps ; elle a ensuite beaucoup de stabilité tandis que les autres sont toujours près de s'altérer, la royauté

---

(1) *Rep.*, i, 25.
(2) *Rep.*, i, 26.
(3) *Rep.*, i, 29 ; ii, 33.

inclinant vers la tyrannie, le pouvoir des grands vers l'oligarchie factieuse et celui du peuple vers l'anarchie.

Tandis que les autres constitutions se renversent et se succèdent sans fin, celle-ci, fondée sur un sage équilibre et qui n'exclut aucun pouvoir légitime, ne peut guère être sujette à toutes ces vicissitudes sans que les chefs de l'Etat n'aient commis de grande faute. On ne peut trouver de germe de révolution dans une société où chacun tient son rang naturel, y est solidement établi et ne voit point au-dessous de place libre où il puisse tomber (1). » Car il ne faut jamais perdre ceci de vue : « Si dans une société la constitution n'a pas réparti avec une juste mesure les droits, les fonctions et les devoirs de telle sorte que les magistrats aient assez de pouvoir, le conseil des grands assez d'autorité et le peuple assez de liberté, on ne peut s'attendre à ce que l'ordre établi soit immuable (2). »

A propos des deux fonctions propres à l'Etat, fonctions de justice par lesquelles il assure à chacun la paisible jouissance de tous ses droits, fonctions d'utilité en vertu desquelles il pourvoit aux intérêts généraux, Cicéron s'exprime ainsi : « Puisque la loi est le lien de la société civile et que le droit donné par la loi est le même pour tous, il n'y a plus de droits ni de règles dans une société dont tous les membres ne sont pas égaux. Si l'on ne veut point admettre l'égalité des fortunes, s'il faut avouer que celle des esprits est impossible, au moins doit-on établir l'égalité des droits entre tous les citoyens d'une même république. Qu'est-ce en effet qu'une cité, qu'une communauté de droits (3) ? » Quant aux lois elles-mêmes, il est bien entendu qu'elles ont été inventées pour le salut des citoyens, la conservation des cités, le repos et le bonheur de tous... Chez les peuples les décrets pernicieux, funestes ne méritent pas plus le titre de lois que les conventions d'une assemblée de brigands. Si l'on ne doit point nommer ordonnances de médecin

---

(1) *Rep.*, I, 45.
(2) *Rep.*, II, 33.
(3) *Rep.*, I, 32.

les recettes mortelles que des ignorants sans expérience auront données pour salutaires, ce n'est pas une loi pour un peuple que ce qui est nuisible pour lui, quelle qu'en soit la forme et lui-même l'eût-il accepté. La loi est donc la distinction du juste et de l'injuste, modelée sur la nature, principe inoubliable de toutes choses et règle des lois humaines qui infligent une peine aux méchants et garantissent la sûreté des gens de bien (1). »

La patrie, c'est notre mère commune, le sol qui nous a vu naître, le peuple dont nous sommes citoyens (2). Sans doute « tout citoyen des villes municipales a deux patries, celle de la nature et celle de la cité... mais il faut dans notre amour donner le premier rang à la grande, à celle dont le nom désigne la nation même. C'est pour elle que nous devons mourir, à elle que nous devons nous dévouer, tous, sans mesure ; à elle que nous devons offrir et consacrer, pour ainsi dire, tout ce qui est à nous (3). » Cet amour doit dépasser tout autre amour : « On aime son père et sa mère, on aime ses enfants, mais le seul amour de la patrie embrasse tous les autres. Quel honnête homme hésiterait à mourir pour elle si sa mort devait lui être utile ? Que nous devons donc trouver exécrable la barbarie de ceux qui ont déchiré leur patrie par tant de forfaits et qui ont travaillé ou travaillent encore à la ruiner de fond en comble ! Que si l'on veut instituer une comparaison et chercher envers qui nous avons plus de devoirs, on devra placer en première ligne notre patrie et nos pères et mères, car voilà nos premiers bienfaiteurs (4). » Cet amour doit s'étendre au passé et aux institutions de notre pays. « Si, comme la nature nous en fait un devoir, nous portons dans notre cœur l'amour de notre patrie, nous étudierons avant tout son esprit, ses usages, ses lois d'abord, parce qu'elle est notre patrie (5). »

Ce n'est pas assez d'aimer intérieurement sa patrie,

(1) *De leg.*, II, 5.
(2) *In Cat.*, I, 17 ; IV, 16.
(3) *Leg.*, II, 2 ; *Rep.*, IV, 7.
(4) *De of.*, I, 17.
(5) *De or.*, I, 44.

il faut la servir par des actes. Ce devoir comporte-t-il l'obligation de prendre part au gouvernement de son pays ? Cicéron n'hésite pas à répondre par l'affirmative, à l'encontre de toutes les autorités dont pouvaient se réclamer les partisans de l'indifférence politique ou de l'émigration à l'intérieur. D'abord, disait-il, « la vertu est tout entière dans les œuvres, et le plus grand emploi de la vertu, c'est le gouvernement des Etats : là seulement trouvent leur réalisation pratique, concrète toutes les théories exposées à l'ombre des écoles...

« Autant les grandes villes l'emportent sur les bourgades et les châteaux forts, autant il me semble que la sagesse des hommes qui gouvernent les cités et en règlent les destinées s'élève au-dessus de ces doctrines élaborées loin du monde et des affaires. Ainsi donc puisque notre ambition est de servir la cause du genre humain, puisque nos pensées et nos efforts n'ont véritablement qu'un but, donner à la vie de l'homme plus de sécurité et en accroître les ressources, puisque la nature elle-même nous donne un si généreux élan, poursuivons cette carrière où nous voyons devant nous tout ce que le monde a compté d'hommes excellents et n'écoutons point ces efféminés qui sonnent la retraite et voudraient rappeler ceux que leur ardeur a déjà emportés (1). » Mais à ces raisons on oppose les rudes efforts qu'impose la vie politique, les périls qu'on y court sans cesse, l'ingratitude dont les peuples paient leurs hommes d'Etat. « Mais notre patrie ne nous a point donné les trésors de la vie et de l'éducation pour ne point en attendre un jour les fruits, pour servir sans retour nos propres intérêts, protéger notre repos et abriter nos paisibles puissances, mais pour avoir un titre sacré sur toutes les meilleures facultés de notre âme, de notre esprit, de notre raison et ne nous en abandonner l'usage qu'après en avoir tiré tout le parti que ces besoins réclament (2).

Mais, ajoute-t-on, « le plus souvent les affaires publiques sont envahies par des hommes indignes, au

(1) *Rep.*, i, 2.
(2) *Rep.*, i, 4.

contact desquels il est honteux d'être exposé, avec qui il serait triste et dangereux de lutter, surtout quand les passions populaires sont en jeu. C'est donc une folie que de vouloir gouverner les hommes, puisqu'on ne peut dompter les emportements aveugles et terribles de la multitude, c'est se dégrader que de descendre dans l'arène avec des adversaires sortis de la fange, qui n'ont pour toute arme que les injures (1). » Vaines excuses que cela et indignes d'être écoutées : « Est-ce que les hommes de bien peuvent jamais ambitionner le pouvoir dans un but plus légitime que celui de secouer le joug des méchants et les empêcher de mettre à mal la patrie qu'il serait trop tard de vouloir relever après (2) ? »

Que n'invoque-t-on pas encore pour se soustraire à cette obligation ? « On ne veut pas se faire d'ennemis, on craint la fatigue, la dépense, on se laisse aller à l'indifférence, à la paresse, à l'inertie, ou l'on se renferme tellement dans des occupations, dans des études de son goût qu'on abandonne à eux-mêmes ceux qu'on devrait protéger. Aussi il est à craindre que Platon n'ait vu qu'une partie de la vérité quand il nous dit des philosophes qu'ils passent leur vie à chercher la vérité, que tous les biens qui excitent les convoitises et les sanglantes rivalités de la plupart des hommes, ils les comptent pour rien, que par là ils sont justes. Sans doute ils observent ce premier précepte de la justice qui est de ne faire tort à personne, mais ils pèchent contre le second, car par amour pour l'étude ils abandonnent ceux qu'ils devraient protéger. On croit aussi qu'ils ne doivent prendre part aux affaires de l'Etat que contraints. Il vaudrait mieux qu'ils s'y portassent d'eux-mêmes ; ce que l'on fait de bien n'est juste qu'à condition d'être fait librement. On trouve de même certains hommes qui, par trop d'attachement à leurs intérêts domestiques ou par une certaine misanthropie, veulent ne s'occuper que de leurs propres affaires. Ceux-là encore évitent une espèce d'injustice et tombent dans une autre. C'est

(1) *Rep.*, I, 5.
(2) *Ibid.*

déserter la société que de ne lui rien consacrer de ses travaux, de ses talents, de ses biens (1). » Et « cette désertion de la cause publique, provoquée par le souci de ses intérêts et de sa sécurité personnelle, est aussi blâmable que le fait de trahir ouvertement sa patrie (2). »

Sans gérer directement les affaires de leur pays, les citoyens peuvent jouir du droit d'élire ceux qui doivent le conduire. Ce droit de choisir ne doit pas s'exercer au hasard. « Si une société choisit au hasard ceux qui la doivent conduire, elle périra aussi promptement qu'un vaisseau dirigé par un des passagers que le sort aurait appelé au gouvernail. Un peuple libre choisira ceux à qui il veut se confier, et s'il pense à ses vrais intérêts, il fera choix des meilleurs citoyens, car c'est de leurs conseils, à n'en pas douter, que dépend le salut des Etats (3). »

Le devoir le plus général des citoyens, c'est l'obéissance aux lois. « La loi est le soutien de notre dignité, le fondement de la liberté, la source de l'équité. L'esprit, la force, la sagesse, la volonté d'un Etat reposent sur sa législation. Comme nos corps privés d'âmes, l'Etat dépourvu de lois ne peut plus jouir de ses organes, de ses nerfs, de son sang. Magistrats chargés d'appliquer les lois, ou juges chargés de les interpréter, tous nous sommes les serviteurs des lois ; par là seulement nous pouvons être libres. Regardez toutes les parties de la république, vous verrez que tout est soumis à l'empire et aux prescriptions des lois (4) ».

Indépendamment de ces devoirs communs à tous les citoyens il en est de particuliers aux hommes d'Etat et aux magistrats. « En général, ceux qui ont à gouverner l'Etat doivent observer ces deux préceptes de Platon : le premier de se consacrer avec tant de zèle aux intérêts publics qu'ils y rapportent toutes leurs démarches et qu'ils sacrifient leurs propres avantages ; le second

---

(1) *Rep.*, I, 34.
(2) *De fin.*, III, 19.
(3) *De of.*, I, 9.
(4) *Pro Cluentio*, 53.

d'étendre également leur sollicitude sur l'ensemble des affaires de l'Etat et de ne pas réserver leurs soins pour quelques-unes au détriment des autres. Il en est du gouvernement de l'Etat comme d'une tutelle qui doit être gérée en vue des intérêts du pupille et non de ceux du tuteur. Ne s'inquiéter que d'une partie des citoyens et négliger les autres, c'est introduire dans l'Etat le plus pernicieux des fléaux, les séditions et la discorde. Aussi trouvons-nous ici des amis du peuple, là des amis des grands, mais des amis de tous à peu près nulle part. De là chez les Athéniens de graves dissensions et chez nous non seulement des séditions, mais d'horribles guerres civiles. Un citoyen ferme, honnête et digne du premier rang craindra et évitera tous ces malheurs. Tout entier au bien public, il ne cherchera pour lui ni la fortune ni la puissance, il étendra sa protection sur tous, il veillera sur tous les intérêts. On ne le verra jamais appeler sur qui que ce soit la haine et l'envie par des accusations mensongères. Enfin il sera si fortement attaché à l'honneur et à la justice que pour ne pas s'en départir il affrontera les plus graves inimitiés et bravera la mort même (1). »

Dans l'exercice du pouvoir l'homme d'Etat rencontrera sur sa route des oppositions : « Qu'il regarde comme des adversaires ceux qui prennent les armes contre l'Etat, mais non ceux qui cherchent à faire prévaloir dans le gouvernement leurs propres idées... Loin de nous cette maxime qu'il faut poursuivre ses ennemis d'une haine violente, marque prétendue d'une âme fière et courageuse. Rien de plus louable, rien de plus digne d'un beau et grand caractère que l'oubli des injures et la clémence... Mais chez les peuples libres, là où le droit est égal pour tous, il faut de la douceur et une certaine élévation d'esprit pour ne pas s'irriter contre les visites importunes et les réclamations indiscrètes, ce qui nous ferait haïr pour notre morgue, sans aucune utilité. Et cependant cette mansuétude, cette clémence ne sont bonnes qu'à la condition de savoir user, dans l'intérêt de

(1) *De of.*, I, 25.

l'Etat, de cette sévérité sans laquelle le gouvernement de la cité n'est pas possible. Mais qu'aux réprimandes et aux punitions on n'ajoute pas l'outrage ; le magistrat qui châtie et qui reprend doit s'oublier lui-même et ne songer qu'à l'intérêt public.

« Qu'on prenne garde encore à ce que la peine ne dépasse pas la faute, à ce qu'on n'aille pas frapper chez les uns ce qu'on ne poursuivra pas même chez les autres. Mais par-dessus tout qu'on sache punir sans colère. Comment le juge qui, au moment d'infliger la peine, n'aura point su calmer son emportement saura-t-il se maintenir dans cette modération qui tient le milieu entre le trop et le pas assez et que les péripatéticiens recommandent avec tant de raison (1) ? »

« Le magistrat doit bien comprendre qu'il est le représentant de la cité, qu'il doit en soutenir l'honneur et la dignité, veiller au maintien des lois, fixer les droits de chacun et se souvenir que ce sont là autant de dépôts commis à sa foi (2). ...Comme le pilote se propose d'arriver au port, le médecin de rendre la santé, le général de vaincre l'ennemi, ainsi l'homme d'Etat doit travailler sans cesse au bonheur de ses concitoyens ; il aspire à fixer parmi eux la richesse, la puissance, la gloire, la vertu. C'est là le plus noble et le plus magnifique emploi du génie de l'homme, et ce doit être son ouvrage (3). »

Sous prétexte de servir l'Etat il ne faudrait pas, cependant qu'on en vînt à oublier les citoyens : « Occupons-nous d'eux, pourvu qu'en les obligeant nous ayons soin de nous rendre utiles à la république ou pour le moins de ne pas blesser ses intérêts... Un sage homme d'Etat veillera surtout à ce que chacun conserve ce qui lui appartient et à ce qu'il ne soit porté, au nom de l'intérêt public, aucune atteinte aux propriétés privées... Car les Etats et les cités se sont établis surtout afin que chacun pût jouir de sa propriété. S'il est vrai que les

---

(1) *Ibid.*
(2) *De of.*, I, 34.
(3) *Ep. ad. Att.*, VIII, 11.

hommes se sont d'abord rassemblés par le fait d'une impulsion naturelle, ils n'ont cependant cherché un abri derrière les murailles des villes que dans l'espoir de mieux conserver leurs biens. Il faut encore éviter avec soin de charger le peuple d'impôts, comme nos ancêtres y furent souvent contraints par l'épuisement du trésor et la continuité des guerres ; c'est une nécessité qu'il faut savoir conjurer longtemps à l'avance. Si cependant elle se présente un jour et impose ce dur fardeau à quelque Etat, on devra avoir grand soin de faire entendre à tous les citoyens qu'ils n'ont plus d'autre moyen de salut que de se soumettre à cette nécessité (1). »

Les conseils à l'adresse des hommes d'Etat et des magistrats trouvent un précieux supplément dans la lettre que Cicéron écrivit à son frère Quintus à l'occasion de la prorogation de ses pouvoirs comme gouverneur de l'Asie Mineure (60 avant J.-C.). Au point de vue qui nous intéresse, elle garde encore tout son intérêt surtout si on la dégage — et c'est chose aisée — de quelques détails particuliers aux circonstances dans lesquelles elle fut écrite.

« Ne souffrez pas, écrit Cicéron, que la multitude des affaires devienne un torrent qui vous accable ; dressez-vous résolument pour leur faire tête, allez vous-même au-devant du flot. Le rôle que vous remplissez n'est pas de ceux où le hasard décide ; la prudence et le zèle y sont tout-puissants... tout y dépend du caractère et de l'esprit de conduite... Je suis loin de regarder votre position comme exempte de difficultés. Je me la représente comme très laborieuse et des plus délicates. Mais remarquez que la conduite y a plus de part que le hasard. Est-ce une affaire de gouverner les autres pour qui sait se gouverner lui-même ? L'expérience a dû vous apprendre que c'est peu d'être vertueux personnellement si votre œil ne veille encore sur tout ce qui vous entoure et si, gardien fidèle de la province, vous n'êtes là pour répondre aux alliés, aux citoyens, à la république de vos délégués comme de vous-même... Si vous veniez à

(1) *De of.*, II, 21.

reconnaître chez un de vos subordonnés des inclinations basses, fermez les yeux, tant qu'il ne manquera qu'à ce qu'on se doit de respect à soi-même. Mais ne souffrez jamais que ce pouvoir que vous n'accordez qu'au fonctionnaire soit exploité au profit de l'individu. Toutefois les mœurs du temps n'imposent que trop la nécessité de se ménager et de complaire. Aussi suis-je peu porté pour cette rigidité qui va scruter toutes les consciences et mettre à nu toutes les souillures. Il suffit de ne laisser à chacun de latitude qu'en proportion de la confiance qu'il vous inspire. Votre responsabilité ne demande pas plus, surtout à l'égard de ceux que la république vous donne comme adjoints et comme auxiliaires de votre autorité... Mais vous avez aussi un entourage de votre choix, simples commensaux ou officiers chargés de services personnels et intimes... Pour ceux-là nous devons compte non seulement de leurs actions, mais de leurs paroles. Au surplus votre intérieur est composé de telle manière qu'il vous sera toujours facile de vous montrer indulgent pour ceux qui feront bien et sévère pour ceux dont la légèreté pourrait vous compromettre... Il faut que vos oreilles ne s'ouvrent que pour ce qu'elles entendent réellement et que l'intérêt personnel n'y glisse point ses insinuations hypocrites... Qu'il n'y ait pas un habitant de votre province qui ne croie à votre sollicitude pour sa personne, ses enfants, sa réputation, sa fortune. Qu'on soit convaincu que tout acte de vénalité fait tomber votre disgrâce non moins sur celui qui donne que sur celui qui reçoit. La corruption disparaîtra quand on saura que ces influences soi-disant si puissantes sont nulles auprès de vous. Loin de moi l'intention de vous rendre dur ou méfiant pour ceux qui vous approchent. S'il en est qui ne vous aient pas donné une seule fois le droit de suspecter leur désintéressement, à ceux-là, sans contredit, confiance pleine et abandon. Mais au premier soupçon fondé, plus d'abandon, plus de confiance, ne laissez pas votre réputation à la merci d'un indigne représentant.

Quelque habitant non connu de vous s'est-il introduit dans votre familiarité, réfléchissez bien avant de vous fier à lui... Le cœur humain se déguise sous tant de formes, s'enveloppe de tant de voiles. Un homme prêt à sacrifier à l'argent ce que nous n'abandonnons, nous, qu'avec la vie, irait s'éprendre pour vous qui ne lui êtes rien d'un attachement de cœur, et cet attachement ne serait pas un masque !... S'il se rencontre cependant une personne en qui vous auriez pu reconnaître l'ami de l'homme plutôt que de la place, hâtez-vous de l'inscrire parmi les vôtres. Hors de là, c'est le germe de la liaison dont il faut le plus se défier... Poussez aussi loin que possible la sévérité du juge, pourvu que jamais cette sévérité ne se démente et ne se montre flexible ou inégale. Mais ce serait peu d'exercer avec zèle et impartialité votre juridiction directe s'il n'en était pas de même de ceux à qui vous confiez des mandats en sous-ordre... Pas de colère. L'emportement dans les relations privées, dans le commerce ordinaire est un indice d'esprit léger, de caractère faible. Mais c'est une chose monstrueuse que d'ajouter au poids de l'autorité la violence du caractère (1)...

CHAPITRE IV

Morale religieuse.

INCERTITUDES DE CICÉRON. — IL FAUT CROIRE A L'EXISTENCE DE DIEU, A LA PROVIDENCE. — CULTE EXTÉRIEUR ET INTÉRIEUR.

Quand nous cherchons à dégager de l'œuvre de Cicéron les éléments d'une morale religieuse, nous n'entendons nullement nous porter garants que les opinions exprimées dans ses ouvrages traduisent toujours le fond de sa pensée. A l'endroit des questions religieuses cette

---
(1) *Ep. ad Att.*, II, 3.

pensée fut toujours trop hésitante et trop flottante pour que nul puisse se flatter de la saisir dans sa vivante sincérité. Rarement, du reste, il affirme des opinions religieuses sous sa propre responsabilité. Le plus souvent il les place sur les lèvres d'autres personnages. Pour déterminer dans quelle mesure ces personnages sont les interprètes des vues de Cicéron et auxquelles de leurs pensées souvent contradictoires vont ses sympathies, il faudrait de longues et minutieuses recherches que ne comporte pas le plan de cette étude. Ici donc surtout on voudra bien m'accorder que des idées peuvent s'autoriser du patronage de Cicéron par le fait seul qu'il leur a donné l'hospitalité dans ses ouvrages sans les contredire bien ouvertement.

Pour Cicéron « nous avons naturellement foi à l'existence des dieux (1) » ou de Dieu (2), comme il lui arrive parfois d'écrire : « Et une très forte preuve qu'on donne à l'appui de cette croyance à l'existence des dieux, c'est qu'il n'y a point de peuple assez barbare, point d'homme assez farouche pour n'en avoir pas l'esprit imbu.

Plusieurs peuples, sans doute, n'ont pas une idée juste des dieux, ils se laissent tromper par des coutumes erronées, mais ils s'entendent tous à croire qu'il existe une puissance divine. Et ce n'est point une croyance qui ait été concertée ; les hommes ne se sont point donné le mot pour l'établir, leurs lois n'y ont point de part. Or, en quelque matière que ce soit, le consentement de toutes les nations doit se prendre pour loi de la nature. On ne peut pas plus douter de l'existence des dieux que de celle du soleil. « L'un est-il plus visible que l'autre ? Cette persuasion, sans l'évidence qui l'accompagne, n'aurait pas été si ferme et si durable ; elle n'aurait pas acquis de nouvelles forces en vieillissant ; elle n'aurait pu résister au torrent des années et passer de siècle en siècle jusqu'à nous. Tout ce qui n'était que fiction, que fausseté, nous voyons que cela s'est dissipé

---

(1) *Tusc.*, I, 16.
(2) *De nat. deor.*, I, 22, 34 ; *Tusc.* I. 27.

à la longue. Personne croit-il encore aujourd'hui qu'il y eut jamais un hippocentaure, une chimère... ? Avec le temps les opinions des hommes s'évanouissent mais les jugements naturels se fortifient. D'où il arrive parmi nous et parmi les autres peuples que le culte divin et les pratiques de religion s'augmentent et s'épurent de jour en jour (1). »

Des preuves invoquées en faveur de l'existence de Dieu « la plus forte de beaucoup, c'est le mouvement réglé du ciel et la distinction, la variété, la beauté, l'arrangement du soleil, de la lune et de tous les astres. Il n'y a qu'à les voir pour juger que ce ne sont pas là des effets du hasard. Comme, quand on entre dans une maison, dans un gymnase, dans un lieu où se rend la justice, d'abord l'exacte discipline et le grand ordre qu'on y remarque font bien comprendre qu'il y a là quelqu'un qui commande et qui est obéi ; de même et à plus forte raison quand on voit, dans une si prodigieuse quantité d'astres, une circulation régulière qui depuis une éternité ne s'est pas démentie un seul instant, c'est une nécessité de convenir qu'il y a quelque intelligence pour la régler. S'il y a, dit Chrysippe, des choses dans l'univers que l'esprit de l'homme, que sa raison, que sa force, que sa puissance ne soient pas capables de faire, l'être qui les produit est certainement meilleur que l'homme. Or l'homme ne saurait faire le ciel, ni rien de ce qui est invariablement réglé. Donc l'être qui le fait est meilleur que l'homme.

« Pourquoi donc ne pas dire que c'est Dieu (2) ?... Car peut-on regarder le ciel et contempler tout ce qui s'y passe sans voir avec toute l'évidence possible qu'il est gouverné par une suprême, par une divine intelligence (3) ? »

« Oui certes il existe une puissance qui préside à toute la nature, et, si dans nos corps faibles et fragiles, nous sentons un principe actif et pensant qui les

---

(1) *De nat. deor.*, ii, 2.
(2) *De nat. deor.*, ii, 6.
(3) *De nat. deor.*, ii, 1.

anime, combien plus une intelligence souveraine doit-elle diriger les mouvements admirables de ce vaste univers ? Osera-t-on la révoquer en doute, parce qu'elle échappera à nos sens et qu'elle ne se montre pas à nos regards ? Mais cette âme qui vit en nous, par qui nous pensons et nous prévoyons, qui m'inspire en ce moment où je parle devant vous, notre âme aussi, n'est-elle pas invisible ? (1) »

Et cependant quand on vient à considérer cette âme, sa raison, sa sagesse, son discernement, « je trouve qu'il faut n'avoir point ces facultés pour ne pas comprendre que ce sont là les ouvrages d'une providence divine (2) ». Et à voir le monde extérieur qui atteste l'existence des dieux, peut-on contester qu'il ne prouve aussi leur providence ? « Rien de si excellent que la manière dont ce monde est gouverné. C'est donc la sagesse des dieux qui le gouverne. Autrement il faudrait imaginer quelque cause supérieure à Dieu, soit une nature inanimée, soit une nécessité mue fortement qui fît ces beaux ouvrages que nous voyons. La puissance des dieux par conséquent ne serait pas souveraine, puisque vous les soumettriez à cette nature par qui vous feriez gouverner le ciel, la terre, les mers. Or il n'est rien de supérieur à Dieu. C'est donc lui qui régit toute la nature. En effet si nous croyons de l'intelligence aux dieux, nous devons leur attribuer aussi une providence qui embrasse jusqu'aux choses les plus importantes. Car peut-on les soupçonner ou de ne pas savoir quelles sont les choses importantes et quels soins elles demandent, ou de n'avoir pas les forces nécessaires pour soutenir un si grand poids ? Ni l'ignorance, ni la faiblesse ne peuvent compatir avec la majesté des dieux. Il est donc vrai, comme nous le prétendons, que la providence gouverne le monde (3). »

« Au reste la providence des dieux n'embrasse pas le

---

(1) *Pro Mil.*, 31.
(2) *De nat. deor.*, II, 59.
(3) *De nat. deor.*, II, 30.

genre humain dans son universalité seulement, elle veille sur chaque particulier (1) ».

« Ainsi de quelque côté que l'on examine l'univers, la raison nous fait conclure que tout y est admirablement gouverné par une providence divine qui veille au salut et à la conservation de tous les êtres. Si l'on demande pour qui le monde a été fait, dirons-nous que ce soit pour les arbres et pour les herbes, qui, sans avoir de sentiment, ne laissent pas d'être au nombre des choses que la nature fait subsister ? Cela paraît absurde. Pour les bêtes ? il n'est pas plus probable que les dieux aient pris tant de peine pour ces brutes muettes et sans entendement. Pour qui donc ? Sans doute pour les animaux raisonnables, c'est-à-dire pour les dieux et pour les hommes, qui certainement sont les plus parfaits de tous les êtres, puisque rien n'égale la raison. Il est donc à croire que le monde avec tout ce qu'il contient a été fait pour les dieux et pour les hommes (2). »

Entre les devoirs qui nous atteignent dans la société il existe une certaine hiérarchie ; « nos premiers devoirs sont envers les dieux immortels (3), » ceux qui regardent la patrie ou les parents ne viennent qu'après.

Et « de quelque manière qu'on nous représente ces divinités, et quelque nom que la coutume leur donne, nous leur devons un culte plein de respect, culte très beau, très saint, qui exige beaucoup d'innocence et de piété, une inviolable pureté de cœur et de bouche, mais qui n'a rien de commun avec la superstition dont nos pères, aussi bien que les philosophes, ont entièrement séparé la religion (4)... La superstition inspire une crainte des dieux vaine et ridicule... la religion a pour fin de les honorer pieusement (5). »

En ce qui concerne le culte : « Que l'on s'approche des dieux avec chasteté, qu'on y apporte une âme pieuse et

---

(1) *De nat. deor.*, II, 65.
(2) *De nat. deor.*, II, 53.
(3) *De of.*, I, 45.
(4) *De nat. deor.*, II, 28.
(5) *De nat. deor.*, I, 42.

qu'on écarte la richesse (1)... La loi ordonne d'approcher des dieux avec chasteté, chasteté d'âme, cela s'entend, ce qui comprend tout et n'exclut pas la chasteté du corps ; seulement il faut concevoir que l'âme étant fort au-dessus du corps, si l'on observe de garder la chasteté extérieure, on doit à bien plus forte raison garder celle de l'esprit.

La souillure du corps, en effet, une aspersion d'eau, un délai de quelques jours la détruit. La tache de l'âme ne peut disparaître avec le temps ; tous les fleuves du monde ne la sauraient laver. Commander d'apporter une âme pieuse, cela veut dire que c'est la pureté de l'âme qui est agréable et non le luxe, qui, lui, doit être éloigné. Pourquoi, en effet, nous qui voulons que dans le commerce des hommes la pauvreté soit l'égale de la richesse, en introduisant la dépense dans le culte, fermerions-nous à la pauvreté l'accès des dieux surtout quand rien ne doit être moins agréable à un dieu que de voir que sa porte n'est pas ouverte à tous pour l'apaiser et l'adorer ? Ensuite un Dieu vengeur tient ici la place d'un juge pour que la religion trouve une garantie dans la cruauté d'une peine présente (2).

« Ainsi donc que les citoyens aient avant tout la conviction que les dieux sont les maîtres et les régulateurs de toutes choses ; que tout ce qui se fait se fait par leur puissance, leur volonté, leur providence ; qu'ils sont les grands bienfaiteurs de l'humanité, qu'ils voient ce que nous sommes, nos actions, nos cœurs, dans quel esprit, avec quelle dévotion chacun accomplit les pratiques religieuses et qu'ils tiennent compte de l'homme pieux et de l'impie. Et peut-on contester l'utilité de ces croyances quand on considère combien de choses s'appuient sur l'autorité du serment, combien d'hommes la crainte des châtiments a détournés du crime, combien enfin est sainte la société des citoyens entre eux dès que les dieux y interviennent comme juges ou comme témoins (3) ? »

(1) *De Leg.*, II, 8.
(2) *De Leg.*, II, 10.
(3) *De Leg.*, II, 7.

CONCLUSION

Qualités, originalité, lacunes et erreurs des théories morales de Cicéron. — Accueil qu'elles rencontrent chez les chrétiens, Minutius Félix, Lactance et saint Ambroise. — Leur utilité actuelle.

Si sommaire et si rapide qu'ait dû être l'exposé qu'on vient de lire, il n'a pu que laisser une impression favorable aux théories et aux maximes morales de Cicéron. Qu'il s'agisse de tracer dans ses grandes lignes notre idéal moral, de montrer dans l'instinct social des hommes le principe de leurs devoirs réciproques, d'en marquer les applications aux différentes circonstances de la vie, il est difficile d'apporter à l'élaboration d'une règle de conduite plus d'élévation, plus de profondeur, plus de bon sens pratique, plus de précision, et plus de souplesse d'expression.

Un philosophe de profession ou un historien des idées morales pourraient sans doute formuler plus d'une réserve sur la portée de quelques-uns de ces éloges. Au moins contesteraient-ils parfois à Cicéron le droit de s'en prévaloir le premier. Pour beaucoup de ces maximes morales ils lui permettraient tout au plus d'en revendiquer la forme latine ou l'expression oratoire. Une critique curieuse de leur provenance aurait bientôt fait de signaler ce qui appartient ici à Platon, là à Aristote, à Zénon et à plusieurs autres moralistes de l'antiquité. Cicéron en conviendrait d'assez bonne grâce ; il a rarement fait mystère de ses emprunts ; il les a plutôt exagérés quand il donne ses œuvres philosophiques comme de simples copies où il n'apporte que l'expression personnelle (1).

A prendre cette confidence au pied de la lettre, la réputation littéraire de Cicéron pourrait avoir grandement à souffrir, les idées morales qu'il exprime n'en

(1) *Ep. ad Att.*, xii, 52.

seraient pas atteintes. D'où qu'elles viennent, leur valeur resterait entière. En dépit même de ses emprunts, Cicéron garde le mérite d'avoir su faire un choix qui avait ses difficultés et d'avoir assuré par ses préférences la conservation de celles qui méritaient réellement de survivre. Et son mérite ne se borne pas là. Il a trouvé sans doute dans l'école ce qu'il a produit au grand jour, mais en débarrassant les conceptions grecques de leurs aspects trop techniques ou de leurs habituelles subtilités, il a vulgarisé, sous leur seule forme efficace, des notions jusque-là réservées à des initiés. Grâce à lui la philosophie grecque s'est transformée en sagesse romaine pour devenir morale humaine.

Pour nous, du point de vue qui nous occupe, si nous avions quelque reproche à faire à Cicéron ce n'est pas tant d'avoir abdiqué sa personnalité que de l'avoir trop accusée. Ses théories morales gardent trop l'empreinte de ses irrésolutions, de ses préjugés aristocratiques et romains. De là chez lui la plupart des erreurs ou des lacunes que nous n'avions pas à relever au cours de notre exposé, mais que nous ne saurions taire plus longtemps.

Tant que Cicéron se borne à adoucir la rigueur impraticable du stoïcisme primitif, il a droit à toute notre approbation. Mais quand il se refuse encore à réduire à la vertu seule le bonheur de l'homme, on est douloureusement surpris de lui voir trouver dans la gloire une récompense suffisante à cette vertu ; il ne réclame pour la morale d'autre sanction ultra-terrestre. S'il signale quelque différence dans le sort fait aux bons et aux méchants, il a bien soin de laisser cette opinion sur le compte de Socrate. L'espoir même d'une survivance occupée à la contemplation du système cosmique dans des sphères éthérées ne lui paraît présentable qu'à titre de *pium desiderium* ou de rêverie littéraire. Tant pis pour la vertu qui n'aura pas su ou n'aura pas pu jeter de l'éclat autour d'elle. A cette importance donnée à la gloire on a bientôt fait de reconnaître l'ancien consul tout fier des succès de sa carrière oratoire et politique.

Où l'influence des préjugés du moment se retrouve plus sensible peut-être, c'est dans l'attitude contradictoire de Cicéron à l'égard du suicide. Après l'avoir condamné dans les termes que nous avons rapportés, il en viendra à l'approuver, dans le *De officiis* (1), pour sauver la mémoire de son ami Caton d'Utique.

Mais ce n'est pas un point particulier de la morale de Cicéron, c'est son domaine tout entier qui, de gré ou de force, est adapté aux nécessités ou aux préoccupations de sa politique. L'homme auquel s'intéresse Cicéron, ce n'est pas l'homme complet, mais l'homme public ; les vertus ou les devoirs de l'individu ne sont étudiés qu'en fonction de la vie publique. Cet écrivain si pressé de moraliser nous a laissé plus de cent ouvrages, il a donné des préceptes sur tant d'actions humaines depuis le jeu des sourcils jusqu'aux plis de la toge, et il n'a pas trouvé une occasion de nous dire sa pensée sur les devoirs réciproques des époux ni son sentiment sur le divorce ! En revanche la moralité des actes est le plus souvent appréciée en raison de l'utilité sociale qui pour lui est en fait, quoi qu'il en dise, la règle suprême de la moralité. Et l'utilité sociale se restreint le plus souvent dans son esprit jusqu'à se confondre avec l'utilité nationale. Ce qu'il demande à la morale, c'est trop souvent de justifier son patriotisme et d'en faire la théorie. La patrie est supérieure à toutes les affections, parce qu'elle les résume toutes, et, en cas de conflit, elle doit passer avant toutes. Là est le centre de la morale cicéronienne.

Ce sont encore les préjugés romains de son temps qui dictent à Cicéron l'approbation réfléchie de l'esclavage (2) ou la condamnation de toutes les professions où le travail est rémunéré plus que le talent, c'est-à-dire celles du plus grand nombre d'hommes.

Sans chercher de quelle inspiration elles procèdent, nous aurions encore plus d'une opinion de Cicéron à re-

---

(1) *De of.*, I, 21.
(2) *De of.*, III, 7.

prendre. Dans l'impossibilité de tout énumérer, signalons au moins ce qu'il y a d'incomplet dans sa bienfaisance. Nous n'avons pas manqué de citer à son honneur le passage où il recommande de donner au pauvre de préférence. Mais pourquoi insinue-t-il qu'il le fait parce qu'il se méfie de la reconnaissance des riches à laquelle doit nuire leur jalousie ? « Ses bienfaits vont à qui peut les mieux payer. Il cherche de toutes façons à les rendre les plus productifs possible pour lui. Puis sa justice a des scrupules féroces ; il a peur de soulager une infortune méritée ; au moment même où il donne, on sent percer son mépris pour celui qui reçoit (1). » Et sa justice encore a de singulières tolérances. L'honnête homme, pour Cicéron, nous l'avons vu, ne fait de mal à personne, mais à condition de n'y être pas provoqué. Faut-il encore relever ce qu'il y a de fragile, d'illogique même dans cette conception qui fait déduire les lois morales des lois de la nature, qui ramène, par exemple, nos devoirs envers nous-mêmes au seul instinct de conservation, ou qui compte discipliner les passions par les seules forces de la pensée ?

Mais hâtons-nous de le dire, ces erreurs et ces lacunes qui nous choquent aujourd'hui ne paraissent pas avoir également frappé les moralistes anciens. Du moins chez eux les idées morales de Cicéron n'ont pas soulevé de réprobation expresse ni générale. J'ai surtout en vue les païens, mais les chrétiens eux-mêmes ont de bonne heure, en Occident du moins, manifesté pour Cicéron moraliste une estime singulière.

Sans s'aveugler sur le côté défectueux de son œuvre morale, ils étaient heureux de trouver chez lui un résumé de la morale antique synthétisé et exprimé dans une langue éloquente et limpide ; très souvent Cicéron devenait leur auxiliaire dans leurs attaques contre l'épicuréisme ou dans l'affirmation des grandes idées morales de la valeur de la vertu, de la Providence, etc. Ainsi Minutius Félix ne se contente pas d'emprunter à Cicéron son style et le cadre de son dialogue de l'*Octa-*

---

(1) THAMIN, *op. cit.*, p. 267.

vius ; le personnage de son païen Minutius est une imination visible et consciente du *Cotta* du *de Natura Deorum*, et le chrétien Cæcilius lui répond en suivant presque pas à pas Balbus, l'autre interlocuteur du même dialogue de Cicéron, de qui il emprunte même les arguments en faveur de la Providence (1).

Avec Lactance, c'est une sympathie plus vive et plus franche encore, qui n'éprouve aucun embarras à laisser voir ses emprunts. Les citations textuelles, les réminiscences plus ou moins conscientes sont si nombreuses qu'elles ont parfois servi à reconstituer les parties perdues de telle œuvre cicéronienne, comme la *République*, et saint Jérôme a pu dire qu'on trouve chez Lactance le résumé des dialogues de Cicéron (2). En tout cas, c'est à Cicéron que Lactance doit quelquefois non seulement l'idée générale mais bien des détails de ses ouvrages (3).

A son exemple et sur ses traces il donne dans son œuvre une attention capitale à la question morale (4) ; il procède par définitions générales avant d'en venir aux détails (5) ; il admet que l'homme qui suit la nature ne peut nuire à son semblable (6) ; il répète enfin les belles maximes cicéroniennes sur la grandeur d'âme, sur le mépris des dangers, sur le renoncement aux voluptés, sur la souveraineté de la conscience et de la loi divine gravée dans le cœur. Il abandonne bien Cicéron quand il donne une notion trop utilitaire de la justice et une conception trop aristocratique de la charité, mais il le reprend vite pour guide, pour définir la parfaite justice et la parfaite égalité, pour trancher les conflits entre l'intérêt et la bonne foi, entre l'amour du genre humain et le patriotisme, etc., etc. En somme il reste dans les lignes générales de la morale de Cicéron, sauf à corriger certains détails, à en préciser d'autres. Il n'a même pas besoin d'exagérer outre mesure les

(1) *Octavius*, 16-19.
(2) Hiéron., *Epist.*, LXX, 5.
(3) *De of. Dei*, 1, 11. Cf. *De rep.*, IV, 24, 30.
(4) *Inst.*, VI, 2, 15.— *Horten. fragm.*, 47.— *De of.*, I, 1, 2, 4 ; III, 2, 5.
(5) *Inst.*, VI, 5, 1.
(6) *Inst.*, VI, 11, 2, Cf. *De of.*, III, 5, 25.

aspirations spiritualistes de Cicéron ; il lui suffit d'opposer à certains passages qui lui déplaisent certains autres qui sont plus dans le sens des idées chrétiennes (1).

Avec saint Ambroise la morale de Cicéron pénètre pour ainsi dire officiellement dans l'enseignement chrétien. Pour tracer aux clercs de son Eglise la règle complète de leur conduite, le grand évêque de Milan ne trouve rien de mieux que de s'adresser à Cicéron.

C'est sous son patronage qu'il place ouvertement ses leçons. Il prend à Cicéron le titre de son ouvrage *De officiis ministrorum,* sa marche générale, ses divisions, ses sujets de développement. Et il s'en faut que ses emprunts se bornent à ce cadre extérieur. Beaucoup de définitions générales ou de préceptes de détail passent presque sans changement de Cicéron à saint Ambroise ; les clercs du IVe siècle apprennent ainsi de l'auteur du *De officiis* ce que doivent être pour eux la justice, le courage, la bienséance et même l'éloquence. Sans doute les exemples proposés à leur imitation sont autres : les patriarches et les prophètes prennent la place des héros romains, la justice revêt pour eux plus de mansuétude, et la bienfaisance plus de désintéressement, un souffle nouveau d'amour pénètre toute cette morale rajeunie, mais en dépit de toutes les corrections et de toutes les additions, les parties conservées de l'œuvre cicéronienne sont bien plus considérables que les éléments éliminés ; telles de ces acquisitions sont si bien définitives qu'encore aujourd'hui la théorie des quatre vertus prise à Cicéron par saint Ambroise fait partie intégrante de notre enseignement catéchétique (2).

Et il s'en faut que là se réduisent pour nous la partie vivante et toujours utilisable des idées morales de Cicéron. Sans avoir eu la bonne fortune de trouver place dans nos catéchismes, combien d'autres qui pourraient aspirer à l'honneur de les compléter pour le grand profit de notre honnêteté publique ! L'espèce de florilège qu'on

---

(1) Pour les précisions et les références, voir R. Pichon, *Lactance,* Paris 1901), p. 257 et suiv.

(2) Pour les références, je me contente de renvoyer à Thamin, *op. cit., passim* et particulièrement p. 190 et s., 206. et s., 267 et s.

en a fait ici s'est surtout inspiré du désir de mettre sous les yeux des lecteurs de l'heure présente des conseils d'actuelle utilité. Nous n'avons donc pas à y revenir. Mais au moment où les questions d'intérêt et de devoir social prennent une place de plus en plus prépondérante dans nos préoccupations, alors que les conditions de la vie publique sollicitent de plus en plus l'action de chacun, il ne sera peut-être pas hors de propos de rappeler ce que le plus éloquent des moralistes romains présente encore d'opportunes leçons.

TABLE DES MATIÈRES

Préface.. 3

CHAPITRE I

LES PRINCIPES DE LA MORALITÉ

Le souverain bien. — Le plaisir. — La vertu. — La loi morale. — La conscience. — Les sanctions morales.. 5

CHAPITRE II

MORALE PRATIQUE

Les deux parties de la morale. — Leurs objets. — Autonomie et raison.................................... 12

CHAPITRE III

MORALE INDIVIDUELLE

Devoirs envers nous-mêmes. — Leur principe. — Deux espèces. — Devoirs envers le corps : conservation. tempérance, décence et dignité. — Les biens de la fortune. — Devoirs envers l'âme, leur supériorité. — La sagesse, défauts à éviter. — Le courage, ses vrais caractères. — Lutte contre les passions. — Excès du courage. — La bienséance, ses formes diverses.. 13

CHAPITRE IV

MORALE SOCIALE

Ses vrais principes, sociabilité naturelle et solidarité humaine.. 26

Article I". — *Devoirs envers nos semblables.*

La justice et le droit. — Leur origine. — Vraie notion de la justice. — La propriété, respect qui lui est dû. — Injustices diverses, leurs causes. — La justice entre nations. — La bienfaisance, ses conditions, précautions à observer, ordre à garder. — De l'amitié, ses conditions...................... 30

Art. 2. — *Devoirs de famille.*

Silence de Cicéron sur ces devoirs. — Origine de la famille. — Le mariage. — Devoirs des parents. — Devoirs des enfants........................... 50

Art. 3. — *Devoirs civiques.*

Leur importance chez Cicéron. — Origine des nations. — Les constitutions politiques, la constitution idéale. — Fondement des lois. — La patrie, nos devoirs envers elle : amour, prendre part aux affaires publiques, le vote, obéissance aux lois. — Devoirs spéciaux aux magistrats.... 54

CHAPITRE V

MORALE RELIGIEUSE

Incertitudes de Cicéron. — Il faut croire à l'existence de Dieu, à la Providence. — Culte extérieur et intérieur.. 65

CONCLUSION

Qualités, originalité relative, lacunes, erreurs des théories morales de Cicéron. — Accueil qu'elles rencontrent chez les chrétiens, Minutius Félix, Lactance et saint Ambroise. — Leur utilité actuelle. 71

1960-06. — Imp. des Orph.-Appr. É. Blétit, 40, rue La Fontaine, Paris.

www.ingramcontent.com/pod-product-compliance
Lightning Source LLC
LaVergne TN
LVHW020942090426
835512LV00009B/1674